LANGUAGE SCHOOL

랭귀지스쿨 ①

Written by Gho Jae-Sook

한언 HANEON.COM

LANGUAGE SCHOOL ❶

펴 냄   2003년 8월 20일 1판 1쇄 박음 / 2004년 3월 1일 1판 3쇄 펴냄
지은이   고재숙
펴낸이   김철종
펴낸곳   (주)한언
         등록번호 제1-128호 / 등록일자 1983. 9. 30
주 소   서울시 마포구 신수동 63-14 구 프라자 6층(우 121-854)
         TEL. 02-701-6616(대) / FAX. 02-701-4449
책임편집   신혜진 hjshin@haneon.com
디자인   백주영 jypaek@haneon.com
홈페이지   www.haneon.com
e-mail   haneon@haneon.com
         저자와의 협의하에 인지 생략
         ⓒ 2003 고재숙
         이 책의 무단전재 및 복제를 금합니다.
         잘못 만들어진 책은 구입하신 서점에서 바꾸어 드립니다.
         ISBN 89-5596-084-0   93740
              89-5596-090-5   93740 (세트)

LANGUAGE SCHOOL

랭귀지 스쿨 ❶

이 책의 구성과 특징

이 책은 listening, dictation, speaking, wrighting 연습을 종합적으로 할 수 있도록 구성되어 있습니다. 단어나 문장을 이미지와 함께 기억할 수 있도록 일러스트를 첨가했으며, 듣고 쓰고 말하는 연습을 최대한 할 수 있도록 구성했습니다.

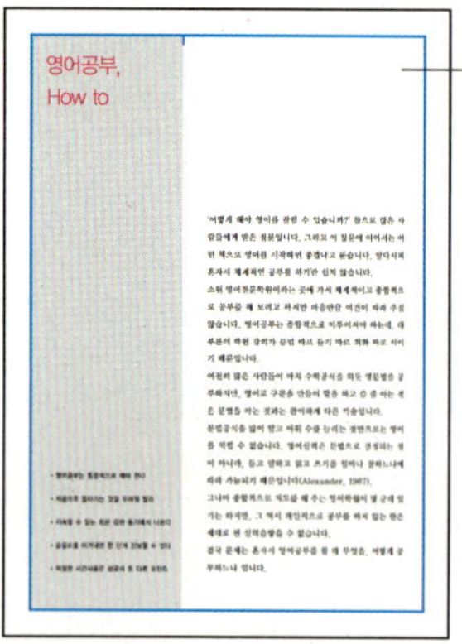

Introduction

영어를 공부할 때 가져야 할 자세와 영어공부방법을 소개해 놓은 부분입니다. 또한 기초적인 문법을 미리 정리해 두고 본격적으로 영어공부를 시작하자는 의미에서 준비운동 차원의 문법을 실었습니다.

Conversation

각 섹션의 시작으로, 회화를 공부할 수 있는 부분입니다. 듣고 말하는 연습뿐 아니라 관련된 문법까지 한꺼번에 통합적으로 공부할 수 있도록 정리했습니다.

Let´s Practice

이 부분은 [Conversation]에서 배운 표현이나 문법을 자기의 것으로 만들 수 있는 기회를 제공한다는 의미에서 다양한 연습을 할 수 있도록 구성했습니다. 실제적으로 자신의 입으로 말하고, 받아쓰는 연습을 할 수 있습니다.

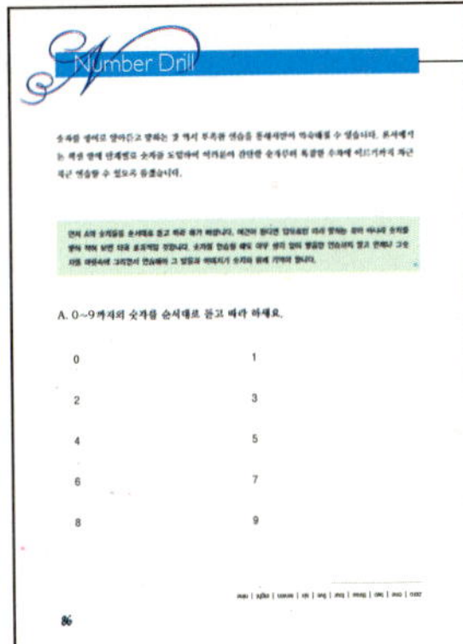

Number Drill

숫자를 영어로 말하고 듣는 것은 언뜻 생각하면 쉬워 보이지만, 원어민의 발음과 액센트를 듣고 바로 알아듣는 것은 그리 쉽지 않습니다. 간단한 숫자표현부터 복잡한 수치에 이르기까지 듣고 말하는 연습을 차근차근 할 수 있도록 구성되어 있습니다.

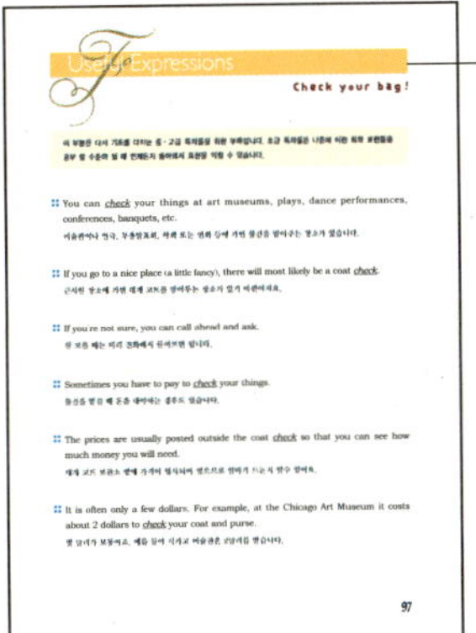

Useful Expressions

다시 기초를 다지는 중·고급자들을 위한 부록 부분입니다. [Conversation]보다 발전된 형태로, 관련된 다양한 표현을 익히고 연습할 수 있도록 구성했습니다.

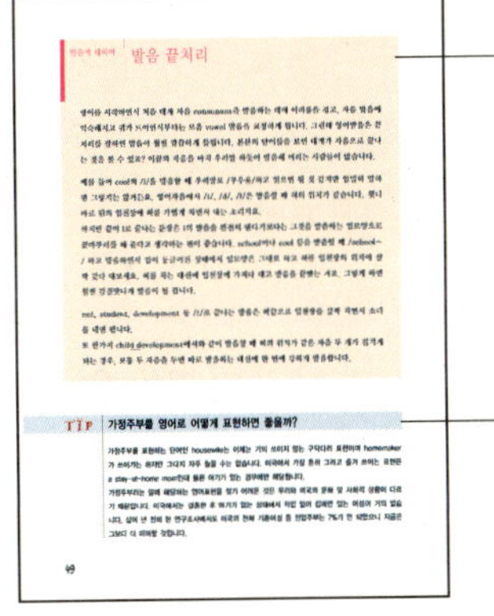

발음에 대하여

테이프를 듣고 따라하는 동안 발음을 연습할 수 있겠지만, 특별히 세심하게 신경 써서 연습해야 하는 부분을 따로 꼼꼼하게 설명했습니다. 발음할 때에는 혀의 위치나 입 모양 하나하나가 다 중요한데 이 부분은 여러분들이 올바르게 발음할 수 있도록 도와줄 것입니다.

Tip

'전업주부' 의 영어표현, 'listen과 hear' 의 차이, 배웅할 때 쓸 수 있는 표현 등 무심코 지나치기 쉽지만 알아두면 유용한 내용들을 따로 모아 정리했습니다.

본서는 자습용뿐만 아니라 교습용으로도 사용할 수 있으며, 회화와 문법 설명이 적절히 배합되어 있는 section plan이 단연 돋보인다. 지금까지의 영어교재는 단편적으로 회화면 회화, 문법이면 문법, 혹은 쓰기, 듣기 등 한정적인 부분에만 치중하여 영어학습에 편식 현상을 일으켰다. 이 책은 영어에 대한 균형감각을 제공하고, 기초부터 튼튼하게 쌓을 수 있도록 한 체계적인 교재이다.

— 일리노이 대학교 언어학과 교수 **윤 혜 석**

한국의 생활영어책들을 살펴보면 특이한 표현 몇 개를 나열하여 독자들의 지적 열등감을 자극하는 데에 머무는 경우가 많다. 왜 그런 표현들이 가능한지는 말하지 않고, 그저 미국인들이 그렇게 쓰고 있으니 무조건 외우라고만 하는 교재들도 부지기수다. 사실, 미국인 친구에게 물어도 그냥 그렇게 쓴다는 말만 하지 정작 가려운 곳을 긁어주지는 못하는 경우가 많다. 이 책은 그런 궁금증들을 확실하게 해소해 주는 책이다.

— 위스콘신 대학교 교육학과 박사과정 **박 원 순**

본서의 저자는 오랜 기간 미국에서 배우고 가르친 경험을 살려 실제적이고 꼭 필요한 문법과 독해, 그리고 회화 등 영어의 모든 면에서 가장 필요한 기초 부분을 쉽고도 명확하게 설명하고 있다. 이 책은 학생들뿐 아니라 영어를 정복하고자 하는 사람, 좀더 확실한 영어공부를 원하는 사람이라면 누구에게나 필요한 책이다. 이 책을 통해서 많은 분들이 영어를 보다 확실하게 배우고 익혀서 좋은 열매들을 풍성하게 얻기를 바란다.

— 교육학 · 상담학 박사, 현 성서침례신학교 교수 **오 경 숙**

처음에는 이 책이 여타의 다른 교재들처럼 전통적인 영문법을 설명하는 책인 줄로만 알았다. 하지만 막상 책을 펼치고 나서는 적잖이 놀랐다. 책의 앞부분에는 저자의 옛 경험을 토대로 영어공부를 잘할 수 있는 방법들이 마치 한 편의 소설처럼 재미있게 펼쳐져 있어서 너무나 색다른 느낌을 주었다. 새롭게 영어공부를 시작하고자 하는 성인들에게는 지금이라도 늦지 않았으니 '한번 도전해 보자' 하는 자신감을 심어줄 수 있는 정말 좋은 교재다.

— 영어교사 경력 14년,

현재 *TEFL(Teaching English as a foreign Language) Certificate* 과정 정 미 선

한국에서 영어공부를 한 대부분의 사람들은 영어를 읽고 해석할 줄은 알지만 막상 외국인을 만나면 간단하고 짧은 말도 이해하지 못하는 경우가 많다. 더군다나 영어로 말하는 것은 더 어려워한다. 본서는 체계적이고 다양한 표현을 싣고 있기 때문에 듣기 연습을 제대로 할 수 있고, 말하고 쓰는 연습도 겸할 수 있다. 이 책은 막힌 귀를 뚫어주고, 닫힌 입을 열어주는 데 큰 역할을 할 책이라 확신한다.

— 한국 시티뱅크 과장 김 지 현

이 책은 저자가 직접 경험한 영어학습 경험을 토대로 집필한 살아있는 영어교재다. 본서는 기초부터 체계적으로 구성되어 있고, 현재 미국에서 쓰이고 있는 생생한 영어를 소개하고 있기에 영어로 대화를 잘하고 싶지만 자신이 없는 사람, 혹은 기초가 제대로 서지 않은 사람은 꼭 봐야 할 필수교재라 하겠다. 또한 문법에 대한 지식이 부족한 사람에게도 많은 도움을 줄 수 있을 것이다. 영어의 올바른 표현들을 배우고, 기초를 다지면서 영문법의 맥을 잡으려 하는 사람에게 적극 추천한다.

— 일리노이 주립대 수학과 박사과정 최 장 훈
영어권국가 거주 10년 유 연 종

c o n t e n t s

Introduction

영어공부,
How to

- 영어공부는 통합적으로 해야 한다
- 처음으로 돌아가는 것을 두려워 말라
- 지속할 수 있는 힘은 강한 동기에서 나온다
- 슬럼프를 이겨내면 한 단계 진보할 수 있다
- 적절한 시간사용은 성공의 또 다른 포인트

'어떻게 해야 영어를 잘할 수 있습니까?' 참으로 많은 사람들에게 받는 질문입니다. 그리고 이 질문에 이어서는 어떤 책으로 영어를 시작하면 좋겠냐고 묻습니다. 알다시피 혼자서 체계적인 공부를 하기란 쉽지 않습니다. 소위 영어전문학원이라는 곳에 가서 체계적이고 종합적으로 공부를 해 보려고 하지만 마음만큼 여건이 따라 주질 않습니다. 영어공부는 종합적으로 이루어져야 하는데, 대부분의 학원 강의가 문법 따로 듣기 따로 회화 따로 식이기 때문입니다.

여전히 많은 사람들이 마치 수학공식을 외듯 영문법을 공부하지만, 영어로 구문을 만들어 말을 하고 쓸 줄 아는 것은 문법을 아는 것과는 판이하게 다른 기술입니다. 문법공식을 많이 알고 어휘 수를 늘리는 것만으로는 영어를 익힐 수 없습니다. 영어실력은 문법으로 결정되는 것이 아니라, 듣고 말하고 읽고 쓰기를 얼마나 잘하느냐에 따라 가늠되기 때문입니다(Alexander, 1967).

그나마 종합적으로 지도를 해 주는 영어학원이 몇 군데 있기는 하지만, 그 역시 개인적으로 공부를 하지 않는 한은 제대로 된 실력을 쌓을 수 없습니다.

결국 문제는 혼자서 영어공부를 할 때 무엇을, 어떻게 공부하느냐입니다.

따로국밥 식으로는 영어를 잘할 수 없다

단어암기나 듣기 · 문법 등 어느 일면에만 집중하면서 영어공부를 한다는 것은 어불성설입니다. 언어의 단위는 문장이며, 그렇기에 영어실력을 쌓으려면 통합적인 학습을 해야 합니다.

한국에서 나고 자란 우리의 뇌에는 한국어의 언어구조가 대부분 확실하게 자리잡혀 있습니다. 그렇기 때문에 생각을 말로 표현할 때 별다른 고민을 하지 않아도 단어들이 적절하게 튀어나오는 것입니다. 영어도 마찬가지입니다. 영어로 말을 하려면 영어의 구조가 머릿속에 형성되어 있어야 합니다. 그러나 우리나라의 영어교육은 대체로 영어구조를 형성하도록 도와주는 것이 아니라 단답식 시험용 자투리 문법을 외우도록 강요한 것이었습니다. 언어의 단위는 단어가 아니라 문장이라는 것을 명심해야 합니다.

매일 듣고 말하는 모국어가 아닌 외국어로서 영어를 공부하는데 문법 · 어휘 · 듣기 · 말하기 · 읽기 · 쓰기 중 몇 가지만을 골라 공부하면서 전반적인 영어실력이 늘기를 바라는 것은 어리석은 일입니다. 영어공부는 체중조절방법과 유사한 점이 많습니다. 체중을 조절하려면 식사조절, 심박운동, 근육운동을 모두 조화롭게 행해야 제대로 효과를 볼 수 있습니다. 이 중 어느 한 쪽에만 치중한다면 아무런 효과를 볼 수 없을 뿐 아니라, 건강을 해칠 위험까지 있습니다. 영어공부도 이와 똑같습니다. 종합적으로 하지 않으면 실력이 늘지 않습니다.

우리나라 사람들이 영어를 공부하는 방식은 본격적으로 영어붐이 일어난 1980년대 이래 지금까지 별반 달라진 것이 없습니다. 먼저 귀가 뚫려야 한다며 AFKN이나 CNN을 붙잡고 듣기에 매달리는 사람들도 있고, 문법부터 돼야 말을 만들 수 있지 않겠냐며 문법책만 파고들거나 문법 강의를 쫓아다니는 사람들도 있습니다. 또 뭐라 해도 단어를 많이 알아야 실력이라고 단어만 외우고 다니는 사람들도 여전히 있으며, 어쨌든 부딪혀 봐야 한다며 미국으로 캐나다로 무작정 어학연수를 떠나는 사람들도 있습니다.

이런 사람들을 보면 대부분 눈에 보이는 토익점수나 토플점수를 잘 받기 위해 영어공부를 하는 경우가 많습니다. 영어공부를 한다고 하면서 무조건 토플책부터 시작하는 사람들도 많이 보았습니다. 하지만 토플책은 시험 보기 전에 한 달 정도 풀어보는 것으로는 적당하지만 체계적인 영어공부용으로는 적합하지 않습니다. 그런 식으로 영어공부를 하니 토플점수는 600점을 넘기면서 기본적인 생활영어도 제대로 못하는 사람들이 수두룩해지는 것입니다. 기왕 공부를 하겠다고 마음을 먹었으면 '진짜 실력'이 쌓이도록 공부해야 하고, 그 해법은 통합적인 영어공부에 있습니다.

기초가 잘못됐다면 처음부터 다시 시작해라

처음으로 돌아가는 것을 두려워 하면 제대로 된 실력을 쌓을 수 없습니다. 기초가 부실
하면 아무리 열심히 공부한다 해도 일정 수준 이상으로 발전할 수 없습니다. 사상누각
이 되지 않게 하기 위해서는 기초부터 튼튼히 해야 합니다.

영어를 공부할 때 우리나라 사람에게만 딱 맞는 특별한 방법이 따로 있지는 않을 것입니다. 하지만 지금까지 잘못된 방법으로 영어를 배운 사람들이 다시 제대로 영어를 배우고자 할 때는 이야기가 다릅니다. 영어를 가르치는 사람은 어학적으로 알맞은 접근을 해야 할 뿐만 아니라 우리나라 영어교육의 허점까지 잘 알고 있어서, 사람들이 과연 무엇을 혼동하고 무엇을 어려워하는지 이해해야 합니다. 그래야 효과적으로 교육할 수 있습니다. 지금까지 잘못 배웠던 영어를 깨끗이 잊어버리고 새로 배워야 하는 성인이 어학연수를 몇 년씩 갔다와도 그다지 효과를 보지 못하는 것은 바로 이 때문입니다. 무엇이 잘못되었는지 모르는 선생은 가려운 곳을 긁어주지 못합니다.

모래성을 높이 쌓을 수 없는 것처럼 기초가 부실하면 일정한 단계 이상 실력이 늘지 않습니다. 기초부터 잘못되었다면 다시 되돌아가야 합니다. 일단 자신의 수준에 알맞은 문장부터 익히고 거기에 숙달되었을 때 다음 단계로 넘어가야 합니다.

저 역시 기초부터 다시 시작해야 할 필요성을 절실히 느낀 적이 있습니다. 영어공부를 시작한 지 만 2년이 되었을 때였습니다. 그때가 마침 88 서울 올림픽이 개최되기 1년 전이라 올림픽 때 외국인들의 통역을 맞을 통역요원들을 선발했는데, 이에 응시하여 선발되는 행운을 얻었습니다. 하지만 자신의 실력을 누구보다 잘 알고 있었고, 영어를 정말로 잘하고 싶었던 저는 '지금까지 잘못 배운 모든 것을 버리고 다시 배우지 않는 한, 실력은 이 이상 진전되지 않을 것'이라는 냉정한 현실을 깨달았습니다. 여러분들도 이런 마음가짐과 제대로 된 방법으로 영어를 공부해야 진정한 실력을 얻을 수 있습니다.

하고자 하는 동기가 강해야 학습의욕도 살아난다

영어를 잘할 수 있는 방법을 아는 것도 중요하지만 영어공부를 시작하기 전에 가장 먼저 해야 하는 일은 '왜 영어공부를 하려고 하는지' 그 동기를 명확하게 하는 것입니다. 동기가 확고해야 지속할 수 있는 힘이 생깁니다.

외국어를 비롯한 모든 공부에 있어서 가장 중요한 것은 확실한 동기와 자신감, 효과적인 시간 사용입니다. 그리고 좋은 공부방법으로 끈기 있게 노력하는 것입니다. 어떻게, 어떤 방법으로 영어를 공부할 것인지 구체적으로 말하기 전에 '내가 왜 영어를 공부해야 하는지'에 대해 먼저 진지하게 생각해 봐야 합니다. 공부를 왜 하는지에 대한 동기가 분명해야 영어공부를 끝까지 할 수 있기 때문입니다.

저는 고교시절 '앞으로 어떻게 살아야 제대로 사는 것인가' 하는 고민에 휩싸인 적이 있습니다. 그런 고민에 깊이 빠져 있다가 '내가 왜 태어났는지'를 먼저 알아야 앞의 고민을 해결할 수 있다는 결론을 내렸습니다. 모든 것에 있어 가장 중요한 것은 '존재 이유'이듯이 그 처음이 뚜렷하지 않다면 끝을 볼 수 없습니다. 영어공부도 마찬가지입니다. 동기가 확실해야 합니다. 많은 사람들이 멋지게 영어를 해 보이겠다며 의욕에 차서 시작하지만, 나중에는 용두사미가 되어 슬그머니 손을 놓아버리는 것도 동기가 부족하기 때문입니다.

스스로에게 진지하게 물어보기 바랍니다. '왠지 필요할 것 같아서, 영어를 모르면 시대에 뒤떨어지니까, 입사 시험이나 진급 때문에…' 등 영어공부를 하는 데에는 여러 가지 이유가 있을 수 있습니다. 하지만 분명한 것은 동기가 강하지 않으면 십중팔구 도중하차하기 쉽다는 것입니다. 힘들이지 않고 복권 등으로 벼락부자가 되고 싶어하는 마음처럼 쉽게 영어를 잘하고 싶어하는 마음 때문에 어떻게든 영어를 쉽게 배울 수 있는 방법만을 찾지만 영어는 그렇게 쉽게 숙달되지 않습니다. 그렇기 때문에 끝까지 나를 지탱시켜 줄 수 있는 분명한 동기가 있어야 하는 겁니다.

저에게도 물론 영어공부를 열심히 하게 된 동기가 있습니다. 저는 어려서부터 삶의 다양한 모습들에 관심을 많이 갖고 있었으며, 그때 불합리한 사회의 모습을 많이 발견했습니다. 그래서 이 모든 것들에 한껏 도전하며 살고 싶다는 생각을 했습니다. 그런 삶의 모순이나 사회적 문제에 대한 해결책을 찾고 싶었던 건지, 저는 어려서부터 책을 무척 좋아했습니다. 책을 읽는 동안만큼은 세상에서 가장 행복했습니다. 직접 경험할 수 없거나 생각할 수 없는 세계를 간접적으로나마 경험하게 해 주는 책이 얼마나 좋았는지 모릅니다.

특히나 우리나라와는 문화와 사상이 확연하게 다른 중국이나 일본, 그리고 서양의 책들은 저에게 아주 신선한 충격을 던져 주었습니다. 외국서적들은 저에게 많은 영향을 끼쳤고 세계 여러 나라의 책들을 그 나라의 언어로 투명하게 읽고 싶다는 소원이 생겼습니다. 어린 나이에도 엉터리 번역이 무척이나 껄끄럽게 느껴졌기 때문입니다.

이러한 열망에 사로잡혀 있던 제가 외국어를 처음 접했을 때, 그것에 빠져 버린 것은 너무나 당연했습니다. 중학교에 입학하고 나서는 가장 좋아하고 잘하는 과목이 자연히 영어가 되었습니다. 그러나 고등학교에 진학한 다음에는 모든 것이 변했습니다. 고교 3년은 학교 시스템과 단순암기식의 영어교육에 질려서 영어는 물론이고 모든 과목에 전반적으로 흥미를 잃은 암울한 시기였습니다. 하지만 고등학교를 졸업하고 진정으로 내가 하고 싶은 것을 할 수 있게 되었을 때, 다시 외국어공부에 대한 순수한 열정은 되살아났습니다.

여러분들도 한번 진지하게 생각해 보기 바랍니다.

영어를 왜 잘하고 싶은지, 그리고 왜 잘해야 하는지. 영어를 꼭 해야만 하는 것이 아니라면 굳이 많은 돈과 시간을 투자할 필요가 있겠습니까? 그 어떤 방법론보다도 일단은 영어를 왜 잘하려고 하는지, 그리고 영어를 통해 무엇을 하고 싶은지부터 확실히 결정해야 합니다. 그래야 쉽게 지치지 않는 추진력과 열정으로 영어를 공부할 수 있습니다.

힘들다고 생각할 때가 변화의 포인트다

무엇이든 일단 의욕에 넘쳐 시작한다고 해도 시간이 지나면 슬럼프가 찾아오기 마련입
니다. 이 슬럼프를 극복할 수 있게 하는 것은 강한 목표의식과 자신감입니다. 일단 위기
를 넘기고 나면 한 단계 향상되어 있는 실력을 느낄 수 있을 겁니다.

대학입시가 끝나고 저는 영어회화학원을 다니며 영어공부를 시작했습니다. 영어학원을 다닌 것은 고작 몇 달간이 전부였지만 그 후 영국인 교수님의 수업과 올림픽조직위원회에서 마련해 준 미국인들과의 영어토론모임, 그리고 통역아르바이트 등을 통해 영어를 지속적으로 실습할 기회가 있었습니다.

영어회화를 시작하고는 그 재미에 아주 푹 빠졌었지만 마음먹은 대로 향상되지 않는 영어실력 때문에 늘 스트레스를 받았던 기억이 납니다. 영어공부를 시작한 지 두 달도 안 된 어느 날, 그날도 저는 세상 다 산 사람처럼 축 늘어져서 아르바이트를 하러 가고 있었습니다. 그러다가 문득 '내가 왜 이렇게 우울해야 하나' 하는 생각이 드는 것이었습니다. '남들은 입시가 끝나서 신나게 놀러 다니는데 난 왜 아무도 강요하지 않은 영어공부를 자발적으로 하면서 굳이 이렇게 힘들어하나, 지금이라도 당장 그만둬버리면 스트레스도 받지 않고 좋을 텐데…. 그만둬버릴까….'

하지만 거기서 그만둘 수는 없었습니다. 생각한 만큼 실력이 늘지 않아 힘들었던 것이지, 새로운 언어를 배우는 것 자체는 너무나 좋았기 때문입니다.

이렇게 영어를 공부하면서 슬럼프에 빠지고 좌절할 때가 있었지만, 그때마다 포기하지 않고 지속하도록 해 주는 힘은 바로 영어에 대한 강한 동기와 끈기였습니다. 나중에 되돌아 보니 그때만큼 제 영어실력이 일취월장했던 적도 없었던 것 같습니다. 어떤 것이든 동기와 목표가 확실하면 포기하고 싶을 때 자신을 다잡을 수 있는 힘을 얻을 수 있고, 결국에 이 슬럼프는 정체상태에서 한 단계 더 전진할 수 있는 계기가 됩니다.

동기가 확실하지 않으면 아주 작은 난관에 부딪혀도 쉽게 좌절하고 금세 포기하게 됩니다. 분명치 않은 동기 다음으로 영어공부를 힘들게 하는 것은 믿음, 즉 자신감 부족인 것 같습니다. 조금 과장하자면 '귀도 잘 들리고 말도 잘하는데, 까짓 영어도 사람이 쓰는 언어인데 노력하면 못할까' 하는 식의 자신감이 필요합니다. 자칫 소홀하게 생각하기 쉬운 이런 마음가짐은 영어를 공부할 때 가장 중요한 것 중 하나입니다. 확고한 믿음이 없으면 끝까지 밀고 나가는 끈기가 생기지 않으며, 영어를 잘할 수 있을 때까지 버틸 자신이 없기 때문에 거기에 시간을 투자하지 못하는 것입니다. 자신감이 우리의 발전이나 성과에 얼마나 커다란 영향을 미치는지는 여러 연구결과가 입증해 주고 있습니다.

저는 영어공부를 처음 시작할 때부터 어떤 문장을 외우든지 언젠가 이 표현을 쓸 때가 반드시 있을 거라는 분명한 확신을 가지고 외웠습니다. 그것은 상상 이상의 엄청난 효과를 주었습니다. 스스로에게 자신이 있으면 다른 사람과 자신을 비교하지 않게 됩니다. 타인과 자신을 비교하는 사람은 언제나 불행할 수밖에 없습니다. 자신감이 없기 때문입니다.

저는 일찌감치 남보다 더 잘하고 싶다는 마음을 버렸습니다. 그래도 언제나 자신만만했습니다. 영어를 어느 누구보다 빨리 잘할 수 있다는 마음에서 나온 자신감이 아니라, 잘할 수 있을 때까지 끝까지 포기하지 않을 거라는 나 자신과의 약속에서 나온 자신감이었습니다.

공부는 남과의 싸움이 아닌 자신과의 싸움이라는 것을 깨달았으며, 비록 내게 남다른 재주는 없어도 끝까지 버티는 거야 얼마든지 할 수 있다는 자신감이 있었습니다. 그렇기 때문에 저는 처절하게 깨지는 날에도 다시 시작할 수 있었습니다. 자신을 믿으십시오. 열심히 하다 보면 언젠가는 부쩍 실력이 늘어 있는 자신을 보게 될 거라는 믿음을 가지고 공부하는 것은 성패를 좌우할 정도로 중요합니다. 힘에 부친다, 이제 그만 포기하고 싶다고 생각할 때야 말로 목적의식과 자신감만 있다면 한 단계 도약할 수 있는 포인트가 되는 것입니다.

게으름과 싸워 이겨라

영어를 잘하고 싶다면 영어공부에 시간을 할애해야 합니다. 시간이 없어서 시작하지 못한다,
나는 너무 바쁘다…, 이렇게 말하고 싶다면 다시 한번 생각해 보십시오. 그것이 핑계는 아닌지.
시간은 탄력적이며, 정말 하고자 하는 마음만 있다면, 언제든지 공부를 시작할 수 있습니다.

영어공부는 시간을 투자한 만큼 효과를 볼 수 있습니다. 이렇게 말하면 대부분의 사람들은 공부할 시간이 없다고 투덜댑니다. 물론 정말 시간이 없는 사람도 있지만, 시간은 쓰기 나름입니다. 저는 어떻게 하면 시간을 효율적으로 쓸 수 있을까를 고민하다가 기가 막힌 원리를 발견했습니다. 그것은 바로 '시간은 쓰기에 따라 하루 24시간이 20분처럼 그냥 휙 지나가기도 하고, 또 2,000분처럼 보낼 수도 있다' 는 사실이었습니다. 둘 사이의 차이점은 시간을 쓰는 사람이 얼마나 계획적인 삶을 살고 있으며, 하고 있는 그 일에 얼마나 몰두해 있느냐는 것에 있습니다. 장기적인 삶의 목표와 계획이 구체적으로 세워진 상태에서 월, 혹은 주일별로 좀더 세부적이고 단기적인 계획을 갖는다면 지금 이 시간만큼은 주어진 일에 온전히 몰두할 수 있을 것입니다. 지금 하고 있지 않은 다른 일에 대해 염려하지 않고 말입니다.

우리는 염려하면서 얼마나 많은 시간을 낭비하는지 모릅니다. 여기서 염려란 온갖 잡념을 포함하는 말입니다. 예를 들어 우리는 시험공부를 하면서도 '이 시험에서 내가 몇 점을 맞으면…, 그보다 몇 점이 덜 나오면…' 하는 식의 염려를 합니다. 영어를 공부하면서도 수학시험 걱정을 하느라 정작 공부는 얼마 못 하고 마는 경우가 얼마나 많습니까?
저 역시 누구 못지않게 염려가 많았는데, 마태복음 6장 25절에서 33절을 보면 염려가 얼마나 쓸데없는지를 알 수 있습니다. 너희 중에 누가 염려함으로 그 키를 한 자나 더할 수 있느냐 라는 마태복음 6장 27절의 말씀이 저로 하여금 온갖 잡념을 떨쳐버릴 수 있게 했습니다.
또한 '이 일을 언제 다 끝내나…' 하며 일은 안 하고 한숨만 쉬다가 허송세월을 하는 경우도 허다합니다. 장단기적인 삶의 목표와 계획이 확실하고, 일이 성공적일 거라는 믿음만 있다면 자신에게 주어진

일에 몰두할 수 있습니다. 이 믿음이야 말로 시간사용의 또 다른 비결입니다. 여러분도 잘 생각해 보기 바랍니다. 지금 내가 할 수 있는 일은 무엇인지, 그리고 내가 지금 쓸데없는 걱정과 지나친 부담감으로 시간을 그냥 흘려보내고 있지는 않은지 말입니다.

그리고 시간사용과 관련해서 짚고 넘어가야 하는 또 한 가지는 게으름에 관한 것입니다. 정말 중요한 일을 미룰 수 있을 때까지 미루었다가 닥쳐서야 마지못해 하는 습성은 한번 갖게 되면 정말 버리기 힘듭니다. 게으름은 자신감과도 밀접한 관계가 있습니다. 잘할 자신이 없기 때문에 뒤로 미루다가 결국에는 포기하고 마는 겁니다.

게으른 사람이 게으름을 피우지 못하도록 하는 효과적인 방법이 한 가지 있습니다. 공부를 하지 않고서는 못 배기도록 학교나 학원 같은 시스템 안에 자신을 매어 놓는 것입니다. 아무도 제재하지 않는 상태에서 자율적으로 목표를 달성하기란 매우 힘들지만, 정해진 스케줄대로 따라가는 것은 훨씬 수월합니다. 또 주변에서 자신과 동일한 목표를 향해 끊임없이 노력하는 동료는 스스로를 좀더 부지런하게 만드는 자극제가 되기도 합니다.

다시 한번 강조하지만 시간은 탄력성이 있습니다. 계획적인 삶을 살려는 노력과 집중력만 있다면 잠깐의 짬에도 자신의 일에 푹 빠질 수 있습니다. 영어공부를 하긴 해야겠는데 시간이 없다면 정말 시간이 없는지, 핑계는 아닌지부터 근본적으로 짚어볼 필요가 있습니다. 영어공부가 정말 절실하다면 어떻게든 시간을 만들어야 할 것이고 절실하지 않다면 공부 시작시기를 늦추거나 꼭 영어를 공부해야 하는지를 재고해 볼 필요가 있습니다. 무언가에 빠지면 누가 시키지 않아도 하루 종일 그것만 생각하게 되고 틈만 나면 그것을 하게 됩니다.

실전!
영어학습법

- 연상수법을 활용해라

- 들을 때건 읽을 때건 어순에 따라 이해해라

- 들으면서 따라 말하는 Shadowing

- 노력한 만큼 돌려주는 Dictation

- 영어원문을 자신의 표현으로 바꿔 말하라

- 실력에 딱맞는 책을 골라라

- 모르는 단어는 사전을 통해 학습해라

- 영어원문을 자신의 표현으로 바꿔 써라

- 하나를 연습해도 쓰이는 상황을 제대로 알고 연습해라

이제 본격적으로 영어 공부방법에 대해 생각해 보겠습니다. 우리나라 영어교육의 문제점은 그동안 끊임없이 지적되어온 이슈입니다. 듣고 말하는 영어가 아닌 읽고 쓰는, 소위 '문자영어'에만 치중해 온 교육이 가장 큰 문제라는 것은 이미 다들 알고 있는 사실입니다. 물론 그것도 큰 문제이긴 하지만 제 생각으로는 영어에 대한 접근방식이 근본적으로 잘못되었다고 생각합니다. 어떤 것이든 그 정의를 명확하게 내리는 과정은 매우 중요합니다. 따라서 영어에 접근하기 위해서는 영어가 무엇인지 그 정의부터 다시 생각해야 합니다.

저는 중학교 때 100점을 놓친 적이 거의 없을 정도로 영어에 대한 흥미가 아주 강했지만 고교시절에 이는 완전히 사라져 버렸습니다. 외국인과의 의사소통 수단으로 알고 재미있어 했던 영어가 입시교육을 위한 독해와 공식투성이의 문법이 되어버렸기 때문입니다. 영어는 미국·영국인들이 쓰는 말입니다. 이렇게 영어의 정의는 너무나 간단하고 당연하지만, 여태까지 우리는 이 당연하고 간단한 정의를 무시한 이상한 영어교육을 받아 왔습니다.

이런 식으로 잘못 배운 영어는 모르는 사이 우리의 귀와 눈과 입에 뿌리 깊게 박혀 있습니다. 이를 극복하기 위해서는 지금부터라도 제대로 된 학습법으로 공부하기 시작해야 합니다. 처음에는 다소 생소하고 힘에 겨울지도 모르지만 따라 하다 보면 어느새 실력이 훌쩍 자라 있는 것을 볼 수 있을 겁니다.

이미지와 문자와 소리를 기억하는 연상수법

문자와 소리, 이미지를 한꺼번에 기억하는 학습방법을 연상수법이라고 합니다. 영어를
한국말로 번역하려고 애쓸 것이 아니라 단어나 문장을 들으면 그것이 무엇을 뜻하는지
를 연상하면서 학습하면 효과도 좋고 기억도 오래갑니다.

영어공부를 하다가 어느 날 보통과 다름없이 발음연습도 할 겸 영어로 된 짤막한 글을 소리 내어 읽고 있었습니다. 그런데 마지막 문장까지 다 읽고 난 순간, 그때까지는 전혀 눈치 채지 못했던 엄청난 문제를 깨달았습니다. 지금까지 소리 내어 읽은 글이 도대체 무슨 내용이었는지 머리에 전혀 남아 있지 않은 것이었습니다. 너무 놀라 이번에는 소리 내어 읽지 않고 눈으로만 읽어 보았습니다. 이번에는 술술 이해가 되었습니다. 이 현상은 몇 번을 확인해도 마찬가지였습니다.

이번에는 한글로 된 소설책 한 권을 뽑아 가지고 소리 내어 읽어보았습니다. 한글로 된 책은 소리를 내어 읽든 그렇지 않든 별반 차이 없이 이해가 되었습니다. 한참 고민하다가 발음에 신경을 쓰느라 내용을 이해할 시간이 없었다고 나름대로 판단하고 발음에 신경을 쓰지 않고 한번 읽어보았습니다. 아주 천천히 소리 내어 읽으니 겨우 머릿속에 내용이 들어왔습니다. 하지만 발음에 신경을 쓰고 빨리 읽으면 도통 내용을 알 수 없었습니다.

이런 문제를 해결하기 위해 제가 고안해 낸 방법이 있습니다. 이는 상당한 인내심을 요구하지만 일단 거기에 익숙해지면 영어이해 속도와 실력에 엄청난 진보가 있을 거라 확신합니다. 먼저 자신의 수준 보다 훨씬 낮은 짤막한 글 —될 수 있으면 아주 기초적인 문장— 을 택해 처음부터 소리 내어 읽습니다. 즉 영어로 소리 내어 읽으면서 머릿속에서 우리말로 번역하지 않고, 그 표현의 의미를 영어 그대로 바로 이해하는 연습입니다.

예를 들어 'My parents extended their stay in the States till the end of November.' 라는 문장을 읽는다고 합시다. 문장의 첫머리에 나오는 my parents를 소리 내어 읽으면서 '우리 부모님은' 이라고 한국어로 번역하지 말고 'my parents' 라는 말과 글자가 그 이미지와 함께 곧장 뇌에 접

수될 때까지 재차 반복합니다. 저는 습관적으로 영어문장을 우리나라 말로 번역하게 될 때마다 무조건 글의 처음부터 다시 읽었습니다. 이렇게 해서 영어문장의 소리와 글자를 우리말 번역 없이 곧바로 이해하는 습관이 생기자, 마치 눈앞을 가리던 뿌연 막이 사라진 것 같은 느낌이 들었습니다.

이 방법은 제가 영어를 처음 접했을 때를 회상하면서 고안해 낸 방법입니다. 제가 처음 만난 영어 단어는 'apple' 이었습니다. 저는 apple이라고 소리도 내 보고 글씨도 보면서 새빨간 사과를 연상했습니다. 그렇게 하니까 apple이라는 소리를 듣거나 글씨를 보면 새빨간 사과가 연상되면서 입에 침이 고이는 것이었습니다. 수학공식처럼 'apple=사과' 라고 외우는 방식과 이 방식은 엄청난 차이를 만듭니다. 우리의 뇌가 말을 기억할 때 어떤 것을 기억하는 것일까? 문자? 소리? 아니면 이미지? 결국 이 질문에 대해 제가 내린 결론은 문자나 소리가 이미지와 함께 이해되고 기억된다는 것이었습니다.

연습장에 빽빽하게 apple=사과라는 식으로 백번을 써봐야 그 효용은 길지 않습니다. 나중에 apple이 뭐냐고 물으면 '사…,사…뭐더라?' 라는 식으로 밖에 대답하지 못하는 사태가 발생하기 때문입니다. 소리와 문자, 이미지를 한꺼번에 떠올릴 수 있어야 완전히 자기의 문장으로 만들 수 있습니다. 기억이 오래간다는 것 외에도 단어와 표현을 연상수법을 사용하여 익혀야 하는 이유가 또 있습니다. 한 단어는 한 가지 뜻만 가지고 있는 것이 아니기 때문에 연상수법을 이용해서 기억하면 각각의 다양한 뜻들이 모두 연결되어 기억된다는 이점이 있습니다. 이렇게 영어를 영어 그대로 이해하는 훈련이 단어 수준에서 멈추지 않고 문장 수준으로 가려면 피나는 노력이 수반되어야 하지만, 성과가 있으리라는 것은 장담할 수 있습니다.

우리는 영어문장을 우리말의 어순에 끼워 맞춰 해석하도록 교육받아 왔습니다. 하지만, 언어는 그 언어의 어순에 따라 이해하는 것이 당연합니다. 영어를 들리는 순서, 읽는 순서대로 이해하는 습관을 기르십시오.

고등학교에 입학하면서 배우는 영어문장은 갑자기 복잡해지기 시작했는데 그러면서 미국인들이 아주 이상하게 느껴졌었습니다. 예를 들어 I´m so glad for the chance to see all of the great things that you have been doing.이라는 문장이 있다고 합시다. 이 문장의 뜻을 이해할 때 우리는 먼저 that이하 명사절을 먼저 읽고 "해석"한 후, 다시 문장 앞으로 와서 연결하여 "해석"하도록 교육을 받았습니다. 그때 저는 '미국 사람들은 여러 면에서 우리와 반대라고 하더니 생각도 이렇게 거꾸로 하는 구나. 정말 이상한 족속이네' 하면서 의아해 했었습니다.

그러다가 고등학교 3학년 어느 날, 우연히 AFKN 채널에서 유명한 배우가 나오는 토크쇼를 보게 되었습니다. 다행히도 그 배우는 꽤 천천히 말을 하고 있었기 때문에 저는 신이 나서 열심히 해석하며 듣고 있었습니다. 그런데 이 배우가 말을 하는 도중에 뒷말을 생각하느라 몇 초간 말을 더듬는 것이었습니다. 앞의 예처럼 that 명사절을 이용한 문장이었는데, 배우가 빨리 그 뒷말을 해야 앞에 한 말과 연결시켜 이해할 수 있다고 생각한 저는 매우 초조했습니다. '아니, 저 사람이 도대체 빨리 말하지 않고 뭘 하는 거야! 숨 넘어가겠네….'

그런데 이런 저와는 달리 카메라에 비춰지는 다른 관객들은 무척 편안해 보였습니다. 저처럼 그 다음 말이 나오기를 조바심내면서 기다리는 사람은 아무도 없었습니다. 그들은 아주 편안히 배우의 이야기를 경청하고 있었습니다! 그 순간 저는 그동안 제가 얼마나 어리석은 생각을 하고 있었는지 깨달았습니다. 미국 사람들도 순서대로 말하고, 생각한다는 것을 말입니다.

이 사실을 깨달은 다음 바로 영어책을 한번 읽어보았습니다. 거꾸로 소급해서 우리말 순서대로 해석하는 것에 어찌나 익숙해 있던지, 영어 순서대로 처음부터 해석하는 것이 여간 어렵지 않았습니다.

그래서 이번에는 한글로 된 책을 꺼내 읽어보았습니다. 한글을 읽을 때 우리 눈은 처음부터 한자 한 자 순서대로 이해하며 읽습니다. 혹 이해하기 어려운 내용이 나오거나 읽다가 앞의 내용을 잊어버린 경우에는 처음으로 돌아가 다시 읽기도 합니다. 하지만 절대로 한 문장 안에서 동사를 찾기 위해 이리저리 눈을 굴리거나 문장이 끊어지는 곳이 어디인지 짚어내느라 헤매지는 않습니다. 그때부터 저는 영어를 처음부터, 즉 순서대로 이해하는 연습을 했습니다. 처음에는 쉽지 않았지만 어느 정도 익숙해지면서 눈에 띄게 달라지는 것이 있었습니다. 영어를 읽고 이해하는 속도가 훨씬 빨라진 것입니다.

또한 영어의 어순에 익숙해지는 자신을 발견할 수 있었습니다. 문장 안에서 동사를 찾고 접속사를 찾을 때에는 영어어순에 대한 감이 전혀 잡히지 않았는데, 그 다음부터는 첫 단어부터 한자 한자 읽다 보면 그 다음에 어떤 형태로 단어가 나와야 하는지를 알 수 있었고, 심지어 어떤 단어가 나올지까지 예상되는 경우가 많아졌습니다. 그야말로 영어에 대한 감이 생기기 시작한 것입니다. 그러고 나니 문장 안의 주술관계나 문장이 어디서 끊어지는지도 자연스럽게 보이기 시작했습니다.

언어를 어순에 따라 이해하는 것은 지극히 당연한 것입니다. 영어는 영어어순에 따라 이해해야 합니다. 그렇지 않다면 읽기는 말할 것도 없고 어떻게 native speaker가 말하는 속도에 맞춰 듣고 이해할 수 있겠습니까?

Listening & Speaking / 무조건 따라 하기 Shadowing

Shadowing은 원어민이 말을 하는 것과 거의 동시에 그 말을 따라 하는 학습방법입니다. 이 연습은 영어의 문장구조를 익히는 데 도움이 되며 듣기와 말하기 실력을 동시에 향상시켜 줍니다.

영어공부는 먼저 듣기, 그리고 말하기, 읽기, 쓰기의 순서에 따라야 합니다. 물론 영어공부의 초종 목표는 영어로 말하고 쓸 수 있는 것이겠지만, 어떤 한 분야를 집중적으로 공략할 것이 아니라 이 모든 분야에 골고루 시간을 투자해야 합니다. 듣기가 안 되는 것은 발음이 문제일 경우도 있지만 구문 자체를 이해하지 못해 그런 경우도 있고 표현을 알지 못하기 때문일 수도 있기 때문입니다. 즉 한 부분은 다른 부분과 밀접한 관계에 있고 상호유기적입니다.

저는 아이가 처음으로 말을 배우고 말문을 여는 과정을 생각하면서 '무조건 많이 듣는 것'도 중요하다는 결론을 내렸습니다. 아이들은 첫 단어를 입으로 내뱉을 때까지 계속 듣기만 합니다. 일단은 많이 반복해서 들어야 말하고 쓸 수 있습니다. 저는 모국어 수준으로 영어를 하려면 아무리 반복해서 기초를 쌓아도 모자라다고 믿었고, 실제로도 다시 들을 때마다 새롭게 깨닫고 배우는 것이 있었습니다.

처음에는 무조건 TV를 켜놓고 영어방송을 봤는데 들리는 단어가 없으니 그렇게 지루할 수가 없었습니다. 시간을 좀더 유용하게 사용할 방법이 없을까 궁리하다가 방송에서 나오는 말을 무조건 따라 해 보았습니다. 못 알아들어도 무조건 따라 하다 보면 발음이라도 나아지든지 리듬감이라도 생기든지 하다 못해 영어에 대한 감각이라도 생길 것 같았습니다. 여기서 말하는 '따라 하기'란, 미국인의 말이 끝난 다음에 따라 하는 것이 아니라 미국인이 말을 함과 동시에 따라 하는 것을 말합니다. 무척 빠른 속도로 말하는 미국인과 거의 동시에 말을 하는 이 연습은 단 5분만 해도 머리가 아플 정도로 지쳐 버립니다. 저 혼자 하던 이 학습법을 나중에 외대통역대학원에 들어간 친구에게 들으니, 통역기술이론 시간에 이 방법을 'shadowing'이라고 하면서 배웠다는 말을 듣고 놀란 적이 있습니다.

제가 정말 많은 시간을 투자했던 부분은 테이프에 녹음된 원어민의 말 속도와 발음, 액센트로 똑같이 말할 수 있을 때까지 연습하는 것이었습니다. 테이프는 원어민이 책을 읽듯이 말하거나 천천히 말해 주는 것이 아닌, 자연스러운 대화가 들어 있는 것을 골랐습니다. 그리고 테이프와 똑같은 리듬, 액센트, 발음, 그리고 속도를 모방하여 만족할 때까지 반복했습니다. 나중에는 내 목소리를 녹음하여 원래의 테이프와 비교하면서 들어보기도 했습니다.

shadowing은 발음 교정에도 많은 도움을 줍니다. 발음 연습을 할 때에는 영어의 특징을 생각하며 해야 합니다. 우리말과는 달리 혀의 위치와 입모양이 중요하므로 테이프를 따라 하면서 입을 상하좌우로 정확하게 움직이는 연습을 해야합니다. 또한 액센트에도 주의를 기울이면서 shadowing을 한다면 영어의 구조에 익숙해질 뿐 아니라 발음과 액센트 교정도 함께 할 수 있습니다.
이처럼 여러 가지 이점이 있는 영어공부방법이기 때문에 적극 추천하지만, 너무 한 부분의 연습에 치중하지 말고 시간을 골고루 분배해서 연습할 것을 권합니다.

테이프를 들으면서 들리는 것을 받아쓰는 연습은 시간도 많이 걸리는 데다가 처음에는
힘도 많이 듭니다. 하지만 지금까지 잘못 알고 있던 발음과 액센트를 고치는 데에 아주
효과적인 학습법입니다.

듣기 실력이 약간 향상되었을 때 받아쓰기 연습을 하면 더 효과적으로 영어공부를 할 수 있습니다.
테이프 한 개를 모두 받아쓸 때마다 실력이 부쩍 느는 것이 스스로에게도 느껴질 정도입니다. 테이프
의 수준은 물론 자신의 실력과 차이가 많이 나지 않는 것으로 해야 합니다.

받아쓰기를 할 때는 꼭 지켜야 할 규칙이 하나 있는데, 테이프 하나를 온전히 다 받아쓸 때까
지 본문을 절대로 보지 않아야 한다는 것입니다. 본문을 보지 못하도록 아예 다른 사람에게 맡
기는 것도 좋은 방법입니다.

받아쓰기를 하면 지금까지 잘못 알고 있었던 영어발음과 액센트를 머릿속에서 지우고 옳은 발음과
액센트를 집어넣을 수 있습니다. 하지만 이는 머릿속의 고정관념을 바꾸는 일이기 때문에 수월하지
만은 않습니다. 영어문장을 받아쓰고 나서 나중에 확인해 보면 완전히 다른 표현인 경우가 있습니다.
그런데 아무리 확인하고 또 확인해서 들어도 처음에 들은 대로만 들리는 경우도 심심치 않게 생깁니
다. 이런 착각은 외국어뿐 아니라 모국어에서도 자주 일어나는 현상입니다. 나에게 생소한 단어나 표
현을 듣고는 원래 알고 있는 다른 말로 이해하기 때문입니다. 소리의 주파수와 길이가 비슷한 경우에
일어나는 현상입니다.

이 고정관념을 깨기 위해 저는 백 번을 들어도 안 들리는 부분에 밑줄을 치고는 들리는 소리를 그대
로 영어로 적었습니다. 받아쓰기가 끝나고 맞춰보면, 들리는 그대로 적었던 부분은 원문과 거리가 있
기는 하지만, 미국인이 그 발음을 내가 받아쓴 것처럼 한다는 것을 깨달았습니다. 그러면 저도 그렇
게 발음하는 연습을 했습니다. 내가 기억하고 있던 고정관념을 버리고 새로운 발음과 액센트를 머릿
속에 기억시키는 것입니다. 자신이 할 수 없는 발음은 잘 들리지도 않으므로 발음 교정과 듣기 연
습은 밀접한 관계가 있는 것입니다.

영어문장은 고정적인 변화를 보이는 것과 단계적으로 발전하면서 변화하는 두 가지 형태로 나눌 수 있습니다. 이 두 형태의 문장을 연습한 후 간단한 phrases를 자신의 말로 바꿔 말하는 연습을 하면 speaking실력을 키울 수 있습니다.

영어로 대화할 준비도 제대로 되지 않은 상태에서 무조건 회화를 해 보겠다는 포부만으로 free talking class에 참여하는 사람들이 참 많습니다. 그렇지만 자신의 생각을 영어로 표현할 만한 수준도 안 되면서 그러한 수업에 참석할 경우, 자칫하면 영어에 대한 전의를 완전히 상실할 수도 있습니다. 그렇지는 않다고 해도 자신만의 엉터리 영어에 익숙해져 그것이 그대로 굳어져버릴 수도 있습니다. 말하는 연습도 체계적인 단계로, 가능한 한 실수를 적게 하면서 훈련해야 합니다.

영어문장은 두 가지 유형으로 나눠집니다. 첫번째는 변화가 고정적인 형태이고, 두번째는 단계적으로 발전하며 변화하는 형태입니다(Alexander, 1967).

변화가 고정적인 형태는 능동태·수동태 변화나 형용사의 비교급 변화 등을 들 수 있습니다. 이는 일정한 패턴이 정해져 있으므로 반복되는 연습(드릴drill 형태)을 통해 일정 기간 내에 익힐 수 있습니다.

한편 단계적으로 변화하는 문장유형은 질문과 대답을 예로 들 수 있습니다. 대답을 할 때 가장 간단한 단계의 대답은 '네', '아니오' 입니다. '응, 뭐 꼭 그래야 할까?' 와 같은 수준의 대답을 하려면 좀 더 종합적인 공부가 필요하겠지요. 이는 부가의문문, 부정문, 의문문, 의문사가 의문문 등 점점 복잡한 문장형태를 익혀 가면서 그 수준을 무한히 발전시킬 수 있습니다. 이는 오랜 기간의 연습을 통해서만 습득할 수 있습니다.

두 가지 문장유형 연습이 어느 정도 진행된 후부터는 간단한 phrases를 자신의 말로 바꾸어 말하는 연습을 할 수 있습니다. 점진적으로 phrases의 수준을 높여가며 연습하면 복잡한 표현도 할 수 있게 됩니다.

Reading / 수준에 맞는 책을 골라라

읽기 연습을 많이 하는 것은 전반적인 영어실력을 키우는 데에 도움이 됩니다. 이때 중요한 것은 사전 없이도 읽을 수 있는, 자신의 수준에 맞는 글을 읽어야 한다는 것입니다. 쉬운 것부터 시작해서 그 수준을 점차 높여나가는 것이 좋습니다.

듣기·말하기가 어느 정도 되면 읽기 연습을 시작하실 것을 권합니다. 영어로 된 글을 많이 읽는 것이 영어실력을 향상시키는 데에 얼마나 중요한지는 아무리 강조해도 지나치지 않습니다. 어렸을 때 독서를 많이 한 사람이 국어를 잘하고 글을 잘 쓰는 것이 지극히 당연한 것처럼, 영어도 마찬가지입니다. 외우지 않고 읽기만 하는 것이 무슨 효과가 있나 의아해 할 수도 있지만 어린 시절을 떠올려 보기 바랍니다. 콩나물시루에 물을 주면 그 물이 그냥 다 빠져 나가는 것 같지만 콩나물은 자라는 것처럼, 그냥 읽는 중에 영어실력이 부쩍부쩍 는다는 사실을 명심하기 바랍니다.

영어 reading 실력을 향상시키려면 사전을 참고하지 않고 그냥 읽어 나가야 합니다. 중간에 자꾸 사전을 뒤적이면 글의 맥이 끊기게 되어 내용의 흐름을 잊게 됩니다. 아무래도 책을 읽는 가장 주된 목적은 그 내용을 되도록 짧은 시간 내에 정확하게 파악하는 것이니까요.

사전 없이 읽으려면 내 실력에 딱 맞는 책부터 읽기 시작하는 것이 정석입니다. 내용도 좋고 유용한 구문도 많아야 하겠지만 무엇보다 모르는 단어나 표현이 거의 없어야 합니다. 그것이 책을 선택하는 기준입니다. 그렇게 술술 넘어가는 책부터 읽기 시작하여 점차 수준을 높여 나가야 하는 것입니다. 한 장을 읽는 데 사전의 도움을 빌어 한 시간이 걸린다면 그것은 reading 연습이 아니며 자신의 수준에 맞지 않는 책을 보고 있다는 증거입니다.

저는 처음에는 영어 동화책과 소설을 보다가 곧 만화에 재미를 붙이게 되었습니다. 그런데, 처음부터 만화를 읽는 것이 재미있지는 않았습니다. 1학년 때 영국인 교수의 추천으로 헌 책방에서 미국만화를 사다 보곤 했지만 당시에는 대문자로만 쓰여 있던 글자가 눈에 잘 들어오지도 않았고 모르는 표현도 너무 많았습니다. 그러다가 중 1때 부터 일본에서 살아 일어를 잘하는 후배 한 명에게 말도 통하지 않는 그곳에서 어떻게 적응했냐고 물었더니 처음에는 애들과 말이 안 통해 스트레스를 많이 받았는데, 만화를 보면서 금세 그들의 말을 익힐 수 있었다고 대답하는 것입니다. 그 말을 듣고 미국만화 책방의 단골손님이 되어 만화책이 새로 들어올 때마다 모조리 사 가지고 와서 보곤 했습니다. 슬랭이 많아서 여전히 모르는 표현이 많기는 했지만 무슨 말인지는 내용으로 대부분 짐작할 수 있었습니다.

또 대학을 졸업한 이후로 영어공부를 특별히 따로 한 적은 없지만 읽는 것을 좋아해서 끊임없이 reading을 해 왔는데, 심심풀이 reading용으로 〈Reader′s Digest〉를 몇 년간 꾸준히 읽었습니다. 미국인들은 일상대화에서 워낙 이디엄(idiom, 관용어 · 숙어)을 많이 쓰기 때문에 토플점수가 높은 사람들도 처음 유학을 가면 생활하는 데에 많은 어려움을 겪습니다. 그러나 저는 만화를 많이 읽고 꾸준히 영어 원서를 읽은 덕분에 미국에 온 지 일주일 만에 시작한 첫 수업부터 별 어려움이 없었습니다. 자신이 흥미를 가지고 있는 종류의 글을 찾아 읽는 것도 재미있게 공부할 수 있는 하나의 방법이 되겠지요.

Reading / 영영사전은 무한 학습서

reading공부를 하다가 모르는 단어가 나오면 영영사전을 찾아보는 것이 좋습니다. 사전을 뒤적이는 동안 영어로 생각하는 습관을 기를 수 있기 때문입니다. 예문이 많은 영한사전으로 공부하는 것도 좋은 공부방법입니다.

독해연습은 reading 실력을 향상시키기보다는 문장구조(문법)를 정확히 이해하는 연습이라고 할 수 있는데, 문법실력은 문법책을 통해서만 얻어지는 것이 아닙니다. 오히려 많은 독서와 독해연습으로 영어에 대한 구조를 확실하게 형성할 수 있습니다. 일단 reading 공부를 할 때에는 사전을 안 보고도 문맥상으로 내용을 파악할 수 있는 수준의 책을 고르는 것이 좋지만, 혹시 모르는 단어나 표현이 나오면 영영사전을 찾아보는 것이 좋습니다. 그래야 영어로 생각하는 습관을 들일 수 있기 때문입니다. 영영사전에서 찾은 단어의 뜻 중에도 모르는 단어가 있다면 그 단어를 또 찾아봐야 할 것입니다. 처음에는 시간이 아깝고 공부의 진도가 늦어지는 것이 답답하게 느껴질지도 모릅니다. 하지만 노력과 시간을 들인다면 영어실력과 영어감각이 느는 과정을 반드시 체감하게 될 것입니다.

영영한 사전과 더불어 영한사전으로 공부하는 것도 좋은 습관입니다. 저는 예문이 많은 사전을 좋아해서 영한사전도 즐겨 보았습니다. 공부하면서 모르는 단어가 나올 때뿐만 아니라 do와 같이 뻔히 알 것 같지만 그 단어를 이용한 표현을 명확히 모를 경우에는 반드시 사전을 찾아 예문을 외웠습니다. 참고로 do, take, get 등의 단어는 쉬워 보이기 때문에 흔히들 그냥 무시하고 넘어가지만 30여 가지 이상의 다양한 뜻이 있으므로 그 쓰임새를 잘 익혀 놓아야 적절한 상황에 적절하게 쓸 수 있습니다.

저는 원래 뭔가에 빠지면 다른 것을 잘 잊어버리는 편이라 사전을 보다가 무려 10시간을 보낸 적도 있었습니다. 처음에는 좌절감도 많이 느꼈지만, 그 와중에 영어실력이 다져졌다는 것을 깨달았습니다. 사전을 보는 데에 시간이 너무 많이 걸린다며 좌절하지 마십시오. 그러는 사이 여러분의 영어실력이 다져진다는 것을 명심하십시오.

Writing / 영작하지 말고, 영어원문을 변형시키는 연습을 해라

writing을 잘하기 위해서는 일단 영어원문을 많이 읽는 것이 좋고, 단문-중문-복문의 순서로 첨차적으로 수준을 높여가며 문장의 구조를 익히고 원문을 자신의 말로 바꾸는 연습을 하는 것이 좋습니다.

쓰기도 읽기·듣기·말하기와 마찬가지로 쉬운 단계부터 점차적으로 실력을 쌓아야 합니다. 먼저 '단문-중문-복문' 식으로 점차적으로 높은 수준의 글을 소화함으로써 여러 가지 문장구조를 익혀야 합니다. 거기에 더 나아가서 영어원문을 약간씩 변형하여 자신의 말로 바꾸는 연습을 통해 응용력을 향상시켜야 합니다. 이렇게 기본실력이 갖춰지면 쉬운 주제로 짧은 글부터 써서 영어를 잘하는 원어민에게 교정을 받는 것이 효과적입니다.

단순히 교정을 받는 것으로 그치지 말고, 교정 받은 내용을 가지고 처음 문장과 비교하면서 공부하면 영어실력이 비약적으로 발전할 것입니다. 저는 교정 받은 것을 공부하면서 우리말의 표현방식과 영어의 표현방식의 차이를 배웠고, 관사나 전치사 같은 문법을 실제로 내 것을 만들 수 있었습니다. 제 경험에 의하면 교정 받은 종이는 어떤 영어교재보다 유익한 교재입니다.

영어로 된 글을 많이 읽는 것은 당연히 쓰기 실력향상에도 도움이 됩니다. 언젠가 어디선가 읽었던 문장유형이 나도 모르게 입 밖으로 튀어나올 때도 있고 글로 나올 때도 있습니다.

처음 쓰기 연습을 할 때는 내가 하고 싶은 말을 문법에 끼워 맞추는 식으로 글을 많이 썼지만 그 방법은 출구가 보이지 않는, 끝이 없는 길이라는 것을 깨달았습니다. 그래서 앞서 언급한 대로 영어원문을 내 글로 약간씩 변형하는 방법으로 습작을 시작했습니다. 우리 생각을 영어로 그대로 영작하면 콩글리쉬가 되어버리기 쉽습니다. 영어를 할 때는 미국인의 사고방식으로 생각해야 제대로 표현할 수 있습니다. 원문을 많이 읽고 이를 자신의 글로 변형시키는 방식으로 writing연습을 시작하십시오.

일상영어 / 콩글리쉬 극복하기

어떤 표현을 익힐 때에는 그것이 어떤 상황, 어떤 맥락에서 쓰이는지를 머릿속에 기억해 둬야 합니다. 그리고 자신의 오류를 극복하려는 노력을 해야 합니다. 그냥 흘려 버리면 절대 실력이 늘지 않습니다.

대부분 영어를 상용어로 쓰는 나라에 가면 영어가 쉽게 늘 것이라고 생각하지만 꼭 그런 것은 아닙니다. 시간을 들여 따로 공부하지 않는 한, 실력은 늘지 않습니다. 또 들어서 이해할 수 있는 것이 꼭 실력이라고 할 수도 없습니다. 예를 들어 한국 뉴스를 들으면서 그 내용을 이해하는 것은 쉽지만 앵커들이 쓰는 어휘들을 사용하여 조리 있게 말을 할 수 있는 사람은 많지 않기 때문입니다. 마찬가지로 미국인들이 쓰는 표현을 들으면 대강 알아듣기는 하지만 정작 자기 입으로 활용하지 못하는 경우가 많습니다. 예를 들어 누군가 I had no idea this was coming.이라고 말했다고 해 봅시다. 이 문장에서 모르는 단어는 하나도 없습니다. 그러면 '아, 쉽네' 하고 그냥 넘어갑니다. 하지만, 이 문장의 뜻을 정말 확실히 알고 있습니까? 단어가 아무리 쉽다고 해도 그 뜻을 확실히 알아야 어떤 상황에서 쓸 수 있는 표현인지까지 알 수 있습니다.

또 한 가지 짚고 넘어가야 하는 것은 지금까지 나온 구어체 영어책을 보면 실제 미국인들이 쓰는 말과는 차이가 많이 난다는 사실입니다. 저는 영어를 그런대로 잘했었습니다. 대학 3학년 때부터 통역 아르바이트를 했고 따로 준비하지 않고 본 토플 점수도 650점은 넘었으니까요. 그런데 미국에서 생활하면서 미국인들이 쓰는 영어와 한국에 소개되는 영어가 너무 많이 차이 난다는 것에 놀랐고, 또 정작 미국인들이 일상에서 정말 많이 쓰는 표현들을 배울 기회는 극히 적었다는 것에 놀랐습니다.

저는 대학 1학년 때부터 소위 미국의 토속적인 표현이라는 것들은 죄다 외웠기 때문에 이디엄을 아주 많이 알고 있는 편이었습니다. 미국에 가서도 기회가 있으면 그런 표현을 써 보려고 애썼습니다. 그런데 그럴 때 상대방이 예상치 못한 반응을 보일 때도 많았습니다. 한번은 제가 바쁘다는 말을 'I've got lots of irons in the fire.' 라고 했는데 '화로에 달구어 놓은 쇠가 많다' 는 뜻으로 대장장이들이 쓰던 말에서 유래된 표현입니다. 40년 전에나 쓰던 표현을 외국애가 쓰니까 우스웠던지 모두가 배를 잡고 웃었습니다. "너 도대체 어디서 그런 표현을 들었냐?" 하면서 말이죠. 또 학교 교수님들한테 들은 정보를 얘기하는데 친구들이 믿지 않기에 '정통한 소식통에서 입수한 정보' 라고 하면서 언젠가 이디엄 책에서 봤던 'I got it straight from the horse's mouth.' 라고 말한 적이 있습니다. 그러자 친구들이 박장대소를 하면서 그렇게까지 말하는데 믿어 줘야겠다고 하는 것입니다. 그 사람이 타던 말에게서 들은 거라는 표현으로 직통으로 들은 정보라는 말인데, 이제는 말을 타는 시대도 아니므로 주로 'I heard it straight from the source.' 라고 표현합니다.

또 정확한 번역과 그 표현이 쓰이는 맥락을 아는 것이 얼마나 중요한지를 보여주는 사례로는 'Help yourself.' 가 있습니다. 이 뜻을 물어보면 99%는 '마음껏 드세요'라고 대답합니다. 하지만 그 뜻은 '갖다 주지 않을 테니 직접 가져가라' 는 뜻입니다. 상다리가 휘어지게 차려 놓고 바로 식탁 앞에 앉아서 "Help yourself!" 라고 권하는 분들을 여러 번 봤는데, 미국인들 입장에서 보면 '눈앞에 다 차려놓고 뭘 가져다 먹으라는 것인가' 하고 어리둥절해 할 수밖에 없습니다. 이 말은 음식에만 한정해서 쓰는 말이 아니고 프린트물 같은 것을 나눠주지 않고 앞에 쌓아두고서도 쓸 수 있는 말입니다. 우리나라에는 이처럼 번역이 아주 미묘하게 잘못되어 소개된 영어표현이 많고 자세한 상황과 맥락에 대한 설명이 없거나 잘못 소개된 예도 아주 많습니다.

영어권 국가에 간다고 해서 모든 것이 해결되는 것이 아닙니다. 학교에서 친구들과 어울리고 대화할 기회가 많은 유치원생이나 초중고생을 제외하고는 본인의 노력여하에 따라 영어실력이 오히려 줄기도 하고 늘기도 합니다. 영어실력을 향상시키기 위해 꾸준히 연습을 하지 않는다면 실력은 늘지 않습니다. 어떤 표현이 어떤 상황적 맥락에서 쓰이는지 머릿속에 기억해 두고 자신의 오류를 고치려 노력하지 않는다면 영어를 제대로 구사할 수 없습니다.

- 영어와 우리말의 차이를 알고 시작해라

- 문장의 형식을 나누지 말고 각 동사의 용례를 문장으로 연습해라

- 동사를 잡아야 영어를 잡는다

- 부정사, 현재분사, 과거분사로의 형태변화

- 동사는 그 기능을 알아야 한다

- 기능동사의 활용법을 익혀라

이번 장에서는 영어의 기초를 다시 다지고자 이 책을 찾으신 분들을 위해 기초적인 문법사항 몇 가지를 정리해 보았습니다. 문법만을 따로 떨어뜨려서 공부하는 것은 아무런 의미도 효과도 없지만, 본격적인 내용에 들어가기 전에 준비운동을 한다는 의미로 생각하면 될 것입니다.

여러분이 중학교 2학년 수준 이상의 영어실력을 갖추었다면 대부분 문법용어에 익숙할 것이라고 생각되어 설명 도중 문법용어를 가끔 사용하였습니다. 시원한 문법 설명을 원하는 분들을 위해서 문법용어를 사용했지만 앞에서도 언급했듯이 영어를 익히는 데는 굳이 문법용어가 필요하지 않습니다. 내용만 이해한다면 용어 같은 것은 몰라도 아무런 문제가 없는 것입니다.

독자 여러분의 수준에 따라서는 어렵게 느끼는 분들도 있을지 모르겠지만, 어려우면 한번 읽고 지나가고 각 섹션을 공부하다가 필요할 때마다 되돌아와서 복습하는 것도 좋은 방법입니다. 다시 한번 말하지만 영어공부는 습관과 노력입니다. 영어 문장구조와 다양한 영어 표현을 자기 것으로 만드는 방법은 꾸준한 연습이라는 것을 명심하십시오.

영어와 우리말은 기본적으로 의사소통수단이라는 공통점을 갖고 있지만, 차이점도 많기 때문에, 그것부터 확실하게 알아 듣고 시작하는 것이 좋습니다.

영어와 우리말의 차이는 무엇일까요? 이 질문이 어렵다면 이 두 언어의 공통점은 무엇인지부터 생각해 보는 것이 좋겠습니다. 우선 영어든 한국어든 둘 다 사람들이 의사를 소통하는 도구입니다. 완전히 다른 철자를 쓰지만 영어에도 우리말처럼 의사표현에 기본적으로 필요한 명사며 동사, 형용사, 부사 등이 있습니다. 그 기능을 잠깐 볼까요?

품사는 그 정의보다는 기능을 아는 것이 훨씬 더 중요합니다. 명사에는 동명사와 명사 역할을 하는 모든 구와 절이 포함되며, 이는 문장에서 주어나 목적어 혹은 (주어나 목적어의) 보어 역할을 합니다.

ex. : He has _long legs_. (목적어)

That boy is _a new student_. (주어, 주어의 보어)

They made me _a nice dinner_. (목적어의 보어)

형용사에는 현재분사와 과거분사(뒤에서 설명), 형용사 역할을 하는 모든 구와 절이 포함되며, 명사를 꾸미는 역할이나 (주어나 목적어의) 보어 역할을 합니다. 그리고 형용사는 비교급과 최상급의 형태로 변화할 수 있고 정도를 나타내는 부사의 수식을 받을 수 있습니다.

ex. : They are a _cute_ couple. (명사 couple을 수식)

These pictures are _great!_ (주어 these pictures의 보어)

I found it _interesting_. (목적어 it의 보어)

Their prices are the _lowest_. (최상급)

Those colors are very _bright_. (정도를 나타내는 부사 very가 형용사 수식)

부사에는 부사구와 부사절이 포함되며, 동사나 형용사 그리고 다른 부사를 꾸며 주기도 하며 시간이나 장소, 방향, 정도, 빈도를 나타냅니다.

ex. : Those books are _very_ good. (형용사를 수식)

　　　Those glasses do not fit me _very well_ *. (다른 부사 수식, 동사 수식)

　　　　*well은 동사 fit를, very는 well을 꾸며 주고 있죠?

　　　We are having a party _tonight_. (시간의 부사)

　　　He is not _here_. (장소의 부사)

명사, 형용사, 부사 등의 기능을 잠깐 살펴보았습니다. 그럼 이제 영어와 우리말의 차이점을 나열해 볼까요? 두 언어가 철자부터 완전히 틀리므로 차이점을 논한다는 것이 우습겠지만 무엇이 틀린지 큰 그림을 인식하고 공부에 임하면 도움이 될 것입니다.

첫째, 영어와 우리말은 구조가 틀립니다.

한때 '조선말은 끝까지 들어봐야 한다' 는 농담이 유행을 한 적이 있는데 이는 우리말의 술어(동사)가 문장의 제일 뒤에 나오기 때문입니다. 그러나 영어는 주어부 바로 다음에 술어가 나옵니다. 이렇게 영어와 우리말은 말의 순서가 틀립니다.

둘째, 영어에서는 동사의 중요성이 큽니다.

문장구조가 동사에 따라 달라집니다. 이 부분은 중요하므로 바로 뒤에 이어지는 [영어의 주인공 동사] 편에서 다시 이야기하기로 하겠습니다.

셋째, 영어와 우리말은 사고하는 방식이 틀립니다.

문법을 아무리 공부했다고 해도 영미인이 생각하는 방식에 익숙해지지 않으면 언제까지나 콩글리쉬를 할 수밖에 없습니다. 게다가 우리말은 애매하게 뭉뚱그려 표현하는 경우가 매우 많습니다. 그러한 표현들은 한국에서 성장한 사람이라면 누구나 쉽게 알아들을 수 있지만 그 말을 그대로 영어로 옮기면 외국인 입장에서는 도대체 무슨 소리인지 알 수가 없습니다. 영어로는 상세하게 풀어서 문장의 진의를 전달해야 합니다. 지금부터 언급할 차이점들은 넓게 보면 모두 이 사고방식의 차이에서 나오는 것이라고 볼 수 있습니다.

넷째, 영어와 우리말은 부정의문문에 답이 엇갈립니다.

예를 들어 아이가 cereal을 먹으면서 우유에 말아먹지 않겠다고 한다고 해 봅시다. "애 우유 안 먹는대?"라는 질문에 우리말로 "응" 하고 대답하면 우유를 안 먹겠다고 한다는 말이 됩니다. 하지만 영어로는 이 경우, 부정의문문으로 묻던 긍정의문문으로 묻던 간에, 먹는다면 "Yes."로, 안 먹는다면 "No."로 대답해야 합니다. 그런데 우리는 무의식중에 아니라고 해야 할 때 Yes.라고 말하는 경우가 많습니다. 특히 부가의문문을 쓰는 경우에 그런 경험을 하는 사람이 많을 것입니다. "Didn´t he want any milk?" 하면 아이가 마시고 싶어하지 않으니까 "No."라고 해야 하는데 "응, 안 먹는대" 하는 우리말에 익숙하여 "Yes."라고 하는 겁니다. 사고의 방식을 바꾸는 거듭된 연습만이 이 차이를 넘어서게 해 줍니다.

다섯째, 불어나 다른 언어보다는 덜하지만 영어에는 여성과 남성의 구분이 있습니다.

인칭대명사의 명확한 여성 / 남성 구분은 우리말에서는 사실 별로 주목하지 않는 부분입니다. 혹독한 연습과 함께 사고방식이 완전히 변하지 않는 한, 여자를 가리키면서 he라고 하거나 남자를 가리키며 she라고 하는 실수를 수도 없이 하게 됩니다.

여섯째, 우리에게는 부족한 단수 / 복수 개념이 영어에서는 요구됩니다.

우리말로 '누가 책을 사러 다녀왔다' 고 하면 책을 한 권 샀는지 열 권을 샀는지 알 수가 없지만 영어로는 적어도 하나와 그 이상에는 구분을 두어 말을 하게 됩니다. 영어에서 문장의 주어가 단수이냐 복수이냐는 동사의 형태에도 영향을 줍니다.

일곱째, 여기에 더 나아가서 주어가 3인칭 단수 현재냐 아니냐가 동사에 변화를 가져옵니다.

영어에서 자신은 1인칭, 상대방은 2인칭, 그 외의 모든 것은 3인칭으로 간주됩니다. 그럼 주어가 단수일 때와 복수일 때 그리고 주어가 3인칭이면서 단수이고 문장의 시제가 현재일 때 be동사와 일반동사의 변화를 한번 보기로 하겠습니다.

ex. : a) She *is* an engineer. She *likes* the color blue.

    b) He *is* an engineer. He *likes* the color blue.

    c) They *are* engineers. They *like* the color blue.

    d) I *am* an engineer. I *like* the color blue.

    e) We *are* engineers. We *like* the color blue.

앞의 예 d)를 보십시오. 주어가 1인칭 단수일 때 be동사는 현재형에서는 am, 과거형은 was가 쓰입니다. 주어가 3인칭 단수일 경우는 a와 b에서처럼 is / was가 쓰입니다. 주어가 1인칭 복수나(e) 3인칭 복수 2인칭일 때(c)는 are / were가 쓰입니다.

일반동사는 주어가 3인칭 단수 현재인 경우에만(a, b) 동사에 s를 붙이고 나머지 경우는 별다른 형태를 취하지 않습니다.

여덟째는 앞의 것과도 연관이 있지만 관사(a, an, the)의 사용을 들 수 있습니다.

관사에 대한 설명은 각 섹션에서 관련될 때마다 상세히 설명을 하겠습니다. 우리에게 생소한 관사 사용에 익숙해지려면 상당한 기간의 훈련이 필요합니다.

마지막으로, 시제는 많은 사람들이 쉽게 혼동하는 부분 중의 하나입니다.

알고 보면 간단한 것이 시제이지만 어렵게 느껴지는 까닭은 우리말과 다른 시제 사용에 익숙하지 않아서입니다. 시제는 각 섹션에서 구체적으로 다루도록 하겠습니다.

지금까지는 차이점을 대략 언급해 본 것이며 각 섹션에서 관련사항이 나올 때마다 다시 상세히 설명을 하도록 하겠습니다.

영어의 문장구조

예전에는 문장이 몇 형식인지 아는 것을 아주 중요하게 여겼지만 이는 사실 전혀 중요
하지 않습니다. 각 동사의 용례를 문장으로 연습하면서 문장구조를 자연스럽게 익히는
것이 가장 좋은 영어공부법입니다.

이제 영어문장의 구조에 대해 생각해 봅시다. 앞에서 문장의 5형식에 대한 언급이 잠깐 나왔으므로 거기서부터 시작하는 것이 좋을 것 같습니다. 제가 학교에 다닐 때는 문장을 5개의 형식으로 나누었고, 이를 매우 중요하게 여겼습니다. 학교시험문제에도 '다음 중 3형식문장이 아닌 것은?', '4형식으로 바꿔라' 라는 식의 문제가 자주 나왔었습니다. 잠깐 문장의 형식을 살펴보고 넘어가도록 하겠습니다.

- 1형식 : 주어·동사만으로 완성되는 문장 I go <u>to church</u>. *

  * 여기에서 to church는 문장의 주요 구성요소가 아닙니다. 전치사 to와 명사가 함께 쓰여서 '교회에, 교회를' 등의 의미를 나태내는 부사구가 된 것입니다. 다시 말하지만 문장의 구성요소는 주어·동사·보어·목적어입니다.

- 2형식 : 거기에 보어가 더 필요한 문장 She is a Christian.
- 3형식 : 주어·동사에 목적어가 필요한 문장 We had a good time.
- 4형식 : 간접목적어와 직접목적어가 있는 문장 I will read you the letter.
- 5형식 : 목적어와 목적보어가 함께 필요한 문장 I smell something burning.

영어의 문장구조를 아주 큰 범주로 나누면 영어의 모든 문장이 위와 같이 5형식에 들어갑니다. 하지만 영어구조가 이처럼 단순하게만 분리된다면 얼마나 쉬울까요? 하지만 영어문장구조를 좀더 세세히 나누면 53가지로 나뉘고 그 53가지 형식도 가지치기를 하여 또 나뉠 수 있습니다(Hornby, 1976). 예를 들면, 같은 2형식이라도 보어로 명사를 쓰는 경우가 있을 수 있고 형용사를 쓰는 경우

도 있습니다. 또 4형식문장을 3형식으로 바꿀 때 어떤 동사는 전치사 for를 쓰는데 어떤 동사는 to 를 사용하는 등 동사의 성격에 따라 다른 전치사를 사용해야 합니다. 어떻습니까? 갑자기 골치가 아파 오지 않습니까?

하지만 걱정하지 마십시오. 형식이 몇 가지인지 몰라도 아무 상관이 없습니다. 혹시 3형식에만 쓰이는 동사는 hope, propose, suggest 하는 식으로 동사만을 모아 외운 적이 있는지요? 그렇게 외운 결과, 문법에 맞게 말이 나왔습니까? 어떤 동사는 3, 4형식으로 쓰이며 어떤 동사는 3, 4, 5형식에 다 쓰이며 어떤 동사는 2형식에만 쓰인다….

이런 무의미한 외우기는 그렇지 않아도 외울 것 많은 우리 머리에 쓸데없는 부담만 더해 줄 뿐입니다. 어떤 문장이 몇 형식에 들어간다는 등의 지식은 아무짝에도 쓸모가 없습니다. 영어공부를 할 때 우리가 할 일은 각 동사의 용례를 문장으로 연습하며 익히는 것입니다.

문장의 5형식이 우리에게 주었던 또 다른 편견이 있습니다. '1형식은 쉽고 3−4−5 형식으로 올라갈수록 어렵다', '1형식 문장은 별로 안 쓰인다' 등등이 바로 그것입니다. 여러분도 만일 그런 편견을 갖고 있다면 제가 미국생활에서 아주 흔히 쓰는 말 중 주어와 동사만으로 이루어진 문장을 몇 개 소개할 테니 한번 보십시오. 물론 이 책으로 기초부터 시작하는 분들에게 이것은 어렵게 느껴질 수도 있겠지만 단지 주어·동사로만 된 소위 1형식 문장도 얼마나 많이 그리고 유용하게 쓰이는지 보여 주기 위해서입니다.

ex. : He lives on State Street.　　그 사람 스테이트 스트리트에 살아.

He lives about 2 blocks away.　　그는 약 두 블록 건너에 살아요.

He goes to the gym every day.　　그 남자는 매일 체육관에 가.

He is flying on American Airlines.　　그는 아메리칸 항공으로 갈 거예요.

I am in my fourth year of college.　　난 지금 대학 4학년이야.

I have worked here for one year.　　난 여기서 일한 지 1년이 되었어.

My flight is coming in at noon.　　내가 탈 비행기는 정오에 들어오기로 되어 있어.

They´re biking to class together.　　그사람들 자전거 타고 함께 수업 가네.

They´re talking too fast!　　쟤네들 말 너무 빨리 한다.

Their book did (= sold) well.　　그 사람들 책 아주 잘 팔렸어.

These glasses slide off my nose.　　이 안경은 코에서 자꾸 흘러내린단 말야.

Their washing machine works well.　　걔네 세탁기는 잘 작동되더라.

Their cat jumped up and went over to me!　　걔네 고양이가 나한테 확 뛰어오르는거 있지.

They talk too fast for me to understand!　　그 사람들이 너무 빨리 말해서 무슨 말인지 이해를 못하겠어.

They went to buy a new car.　　그분들 새 차 사러 나갔어요.

He is not here.　　그분 지금 여기 안 계신데요.

Mom's talking on the phone.　　엄마는 지금 통화중이야.

He fell off his bike.　　얘 자전거에서 떨어졌어요.

이제 주어·동사만으로도 많은 표현을 할 수 있다는 것을 알 수 있을 겁니다. 지금까지 가지고 있던 편견과 고정관념을 떨쳐버리기 바랍니다. 다시 한번 강조하지만 문장형식이 어떻게 되느냐는 별로 의미가 없습니다. 수많은 영어문장을 언제까지나 몇 형식에 들어가는지 따지고 있을 시간이 어디 있습니까? 표현을 연습하며 자연스럽게 익히는 것이 제일입니다. 내 머리와 내 입에 익을 때까지 연습을 하는 것이 중요합니다.

말이 먼저일까요, 문법이 먼저일까요? 사람들이 '우리 이런 식으로 말하자' 하고 문법으로 약속을 먼저 해 놓고 말을 시작했을까요? 그렇지 않습니다. 우리가 하는 말에 일정한 규칙이 있다는 것을 깨달은 문법학자들이 언어마다의 법칙을 정리한 것이 바로 문법 아니겠습니까? 그렇기 때문에 절대적인 고정불변의 문법이란 있을 수가 없습니다. 세월이 가고 시대가 바뀌면서 사람들의 말도 변하고 문법도 변하는 것입니다. 그래서 문법에 예외가 생기게 마련이고요. 그럼 이제부터는 영어의 구조를 이루는 동사의 여러 가지 다른 기능을 보도록 합시다.

영어의 주인공 동사 / 형태변화

동사는 시제에 따라 형태가 바뀌고, 부정사 · 현재분사 · 과거분사꼴로 그 형태가 변형
됩니다. 전자의 경우는 형태가 바뀌어도 동사의 기능을 하지만, 후자의 경우는 동사의
기능을 잃어버리기 때문에 더 이상 동사가 아닙니다.

지금 이 장은 여러분이 영어의 구조에 대해 가지고 있었던 많은 궁금증을 속시원하게 풀어주는 동시에 영어에 새로운 통찰력을 줄 것입니다. 개인적으로는 영문법 중에서 이 동사의 기능이 가장 중요하다고 생각합니다. 따라서 이 부분을 완전히 여러분의 것으로 만들고 나면 영어가 훨씬 쉽게 느껴질 것입니다.

이 장에서 다루게 될 내용은 영어의 완전 기초가 되는 내용입니다. 많은 사람들이 영문법을 공부하지만 대부분 영문법에서 가장 기초가 되는 이 내용을 건너뛰고 다음 단계의 문법책이나 토플책 류를 많이 찾습니다. '이런 건 중학생이나 보는 거네. 내 실력이면 토플책 정도는 봐야지' 하고 생각하는 사람들이 많습니다. 바로 그러한 자만심 때문에 실력이 늘지 않은 채로 발목 잡혀 있다는 것을 알지 못하고 말입니다. 지금까지 이 부분을 무시하고 있었다면 이 장을 통해 확실하게 실력을 다지기 바랍니다.

우선, 동사가 문장 내에서 어떤 기능을 하는지 알아보기 위해 동사의 형태변화를 살펴보겠습니다. 우선 동사는 시제에 따라 형태가 변합니다(시제에 대한 설명은 [섹션 12]에서부터 각 시제가 소개될 때마다 자세히 다루도록 하겠습니다). 영어시제 중 단순시제에는 현재시제, 과거시제, 미래시제가 있습니다. 그 중에서 미래는 미래를 뜻하는 조동사인 will이나 shall 등을 이용해서 표현할 수 있으며 동사 자체만으로 시제를 표현할 수 있는 것은 현재와 과거뿐입니다. 예를 들어 am, is, are(현재형) / was, were(과거형) / 혹은 begin(현재형) / began(과거형) 이렇게 말입니다. 이렇게 동사는 시제에 따라 현재와 과거형으로 변할 수 있습니다(〈표 1〉 참조).

〈표 1〉

동사의 기능을 잃어버린 형태			동사의 기능을 수행하는 형태	
부정사	현재분사 / 동명사	과거분사	현재형	과거형
be	being	been	am, is, are	was, were
have	having	had	have, has	had

그런 반면 동사는 또 **부정사꼴이나 현재분사 / 동명사꼴 또 과거분사꼴로 변형**되어서도 사용됩니다. 앞의 표를 참조하면서 읽기 바랍니다.

- 부정사의 꼴이 '동사의 원형' 이라는 것은 알고 있을 것입니다. to와 함께 쓰이면 to부정사구, to 없이 쓰이면 원형부정사라고 부릅니다.
- 현재분사와 동명사는 같은 형태를 취하며 '동사의 원형에 -ing를 덧붙인 형태' 입니다.
- 과거분사의 꼴은 규칙일반동사의 경우는 과거형과 같이 일반동사에 -ed를 덧붙이면 되지만 나머지 불규칙일반동사들은 모두 과거분사꼴이 따로 정해져 있습니다.

여러분 중학교에서 begin / began / begun, take / took / taken, hit / hit / hit 하고 불규칙동사의 변화를 외웠던 기억이 날 것입니다. 그 중 제일 마지막 것이 바로 과거분사입니다. 사전 중에는 뒤편에 이렇게 주요 불규칙동사의 변화표를 모아놓은 것을 심심지 않게 볼 수 있습니다. 저는 중·고등학교 때 그렇게 '현재 / 과거 / 과거분사' 꼴을 함께 외우니까 과거분사형도 동사인줄로만 알았었습니다. 아무도 동사가 아니라고 말해 주는 사람이 없었으니까요. 여러분 중에도 저처럼 과거분사형을 동사로 잘못 알아서 여러 가지를 혼동했던 분이 있을지도 모르겠습니다. 표에서 보이듯 '과거완료형이 동사의 기능을 상실한 상태' 라는 것을 알고 나서 그동안 혼동되던 많은 것들이 아주 확실해졌습니다.

부정사꼴이나 현재분사 / 동명사꼴, 과거분사꼴로 변한 동사는 동사의 기능을 거의 잃어 더 이상 동사가 아닙니다. 동사가 아니라면 부정사구와 현재분사, 동명사, 과거분사의 품사는 무엇일까요? 각 섹션에서 나올 때마다 자세히 다루겠지만 여기서 잠깐 훑어보기로 하겠습니다.

- 막상 부정사구의 품사가 무엇이냐고 물으면 대답을 못하고 머뭇거리는 사람들이 많습니다. 시중의 문법책을 봤다면 부정사구의 역할을 공부한 적이 있을 것입니다. 명사적·형용사적·부사적 용법 이렇게 배웠을 것입니다.

그렇습니다, 부정사구는 문장에서 쓰기에 따라

명사로 쓸 수도 있고 (Remember _to lock the door_.)

형용사로 쓸 수도 있으며 (Would you like something _to drink?_)

부사로 쓸 수도 있습니다. (They went _to buy a new car._)

- 동명사는 말 그대로 동사가 명사 역할을 하게 된 것입니다.(She does not like _smoking._)
- 분사는 문장에서 형용사 역할을 합니다.

   현재분사는 능동적 의미를 지니고 (It is an interesting book. The boys are _swimming._)

   과거분사는 수동적 의미를 지닙니다. (I prefer a home-cooked meal. I am _interested._)

이 동사의 기능을 잃어버린 형태에 대해서는 각 섹션에서 다양한 형태를 접할 때마다 그때 그때 상세히 다루도록 하고 다음은 본격적으로 동사의 종류와 기능을 살펴보기로 합시다.

영어의 주인공 동사 / 동사의 종류

동사에는 be동사, 일반동사, 조동사가 있다고 아는 것이 일반적이지만, 이런 식의 구분
보다는 동사의 기능을 기억해 두고 활용하는 것이 중요하다.

일반적으로 동사에는 be동사, 일반동사(규칙동사 / 불규칙동사), 그리고 조동사가 있다고 배웠을 것입니다. 조동사에는 will, shall, can, may, must 등이 속한다고 말입니다. 하지만 영어문장의 구조를 제대로 이해하기 위해서는 동사를 이렇게 구분할 것이 아니라 기능면으로 구분하여 생각할 필요가 있습니다.

조동사라고 하면 많은 사람들이 will, shall 등만 연상하지만 사실 동사 do도 조동사 역할을 합니다. 의문문이나 부정문을 만들 때가 바로 그러합니다. 또한 동사 be도 진행시제나 수동태를 만들 때의 역할은 조동사입니다. 그렇게 때문에 동사의 종류를 be동사, 일반동사 조동사 라는 식으로 나누면 때로 개념의 혼란을 가져오는 것입니다.

will, shall, can, must 등이 미래나 가능, 의무, 허가, 의지, 소망 등을 표현할 때에 쓰이는 조동사 라는 것은 중 3 정도면 대개 다 알고 있는 내용일 것입니다. do나 be동사가 조동사로 쓰일 때는 do 와 be동사 자체에는 아무런 뜻이 없지만 will, shall, may 등은 그 조동사 자체도 제각기 뜻을 지니고 있고 가정법을 만들 수 있으므로 '법조동사' 라고 칭합니다. 또 다음 페이지의 표에서 보는 것처럼 부정사나 분사 꼴이 존재하지 않기 때문에 '결여동사' 라고도 부릅니다. 그러나 이러한 용어들은 전혀 중요하지 않으니 이렇게 구분이 될 수 있다는 것만 알아두기를 바랍니다.

이제 다음 〈표 2〉를 참조하면서 동사를 기능면으로 구분해 봅시다. 표를 보면 왼쪽은 동사의 기능을 읽어버린 형태이므로 참고만 하십시오. 표의 오른쪽에 있는 동사 24개가 바로 일반동사와 구분되어

〈표 2〉

동사의 기능을 잃어버린 형태			동사의 기능을 수행하는 형태	
부정사	현재분사 / 동명사	과거분사	현재형	과거형
be	being	been	am, is, are	was, were
have	having	had	have, has	had
do	doing	done	do, does	did
			will	would
			shall	should
			can	could
			may	might
			must	
			ought	
			need	
			dare	
				used

(Hornby, 1976)

막강한 기능을 행사하는 특별한 동사들입니다. (전문 문법용어가 있지만 어려운 영어용어를 굳이 사용할 필요는 없기 때문에 앞으로는 기능동사라고 칭하도록 하겠습니다.) 이 동사의 쓰임새를 잘 알아두고 활용할 수 있어야 영어를 잘할 수 있습니다.

영어의 주인공 동사 / 기능동사

의문문, 부정문, 강조, 도치, 부가의문문, 그리고 질문에 답할 때 기능동사는 눈부신 활약을 합니다. 그 각각의 활용법을 자신의 것으로 만드는 것이야 말로 영어를 잘할 수 있는 방법입니다.

미국영어에는 해당되지 않지만 영국영어에서 기능동사의 한 가지 두드러진 특징은 not과 축약이 가능하다는 것입니다(ex. : isn´t, wasn´t, haven´t, won´t, can´t). 〈표 2〉의 오른쪽의 24개 동사만이 not과 축약이 가능합니다. 기능동사가 아닌 다른 동사는 not과 축약하여 쓸 수가 없습니다. shan´t, mayn´t, mightn´t, oughtn´t, mustn´t, daren´t, usedn´t 등으로 축약된 단어는 미국영어에서는 거의 쓰이지 않습니다. 미국 젊은이들은 ought to도 거의 쓰지 않는데, 아주 연세 많은 분들이 매우 격을 차린 글에나 쓸까, 아주 케케묵은 표현입니다. shall 역시 미국인들은 거의 쓰지 않습니다.

기능동사의 역할은 무엇일까요? 의문문, 부정문, 부정의문문, 강조, 도치, 부가의문문, 그리고 질문에 반복을 피해 짧게 대답할 때 등의 경우에 문장을 변형할 수 있는 열쇠가 바로 이 기능동사들에 있습니다. 하나씩 보기로 합시다!

- 부정문은 (앞의 24개) 기능동사 뒤에 not을 첨가하여 만듭니다.

  ex. : He is busy. → He is not / He´s not / He isn´t busy.

  I can come. → I cannot / can´t come.

기능동사가 아닌 동사들은 뒤에 not을 붙일 수 없으므로 조동사 do의 도움을 받습니다. 이 경우 긍정문을 부정문으로 바꾸는 과정을 차근차근 보도록 하겠습니다. 괄호 안의 문장은 문장이 변화하는 과정을 보여드리기 위한 것입니다.

① 조동사 do는 본동사의 앞에 옵니다.

② 조동사 do의 뒤에 오는 본동사는 원형부정사 꼴로 변합니다.

③ 조동사 do는 문장의 시제변화와 주어가 3인칭 단수 현재일 때의 동사변화 등의 모든 동사의 역할을 대신 감당합니다. 예를 들어, 주어가 3인칭 단수 현재면 does를, 문장의 시제가 과거면 did를 씁니다.

④ 그리고 나서 do 조동사 뒤에 not을 첨가하면 됩니다.

    ex. : He wants it. → (He does want it.) → He doesn′t want it.

        He wanted it. → (He did want it.) → He didn′t want it.

        They went there. → (They did go there.) → They didn′t go there.

- **의문문**은 (앞의 24개) 기능동사와 주어의 위치를 바꾸어 만듭니다. 의문사가 있다면 의문사는 문장의 제일 처음에 오는 것이 원칙입니다.

    ex. : They are ready. → Are they ready?

        He can swim. → Can he swim?

기능동사가 아닌 나머지 동사들은 주어 앞에 나갈 수 없으므로 조동사 do의 도움을 받습니다. 이 경우 평서문을 의문문으로 바꾸는 과정을 한 단계씩 보기로 합시다. 괄호 안의 문장은 문장이 변화하는 과정을 보여드리기 위한 것입니다.

① 조동사 do는 본동사의 앞에 옵니다.

② 조동사 do의 뒤에 오는 본동사는 원형부정사 꼴로 변합니다.

③ 조동사 do는 문장의 시제변화와 주어가 3인칭 단수 현재일 때의 동사변화 등의 모든 동사의 역할을 대신 감당합니다. 예를 들어, 주어가 3인칭 단수 현재면 does를, 문장의 시제가 과거면 did를 씁니다.

④ 그리고 나서 do 조동사를 주어 앞으로 옮기면 됩니다.

    ex. : They went away. → (They did go away.) → Did they go away?

        He likes it. → (He does like it.) → Does he like it?

부정의문문은 격을 차린 글에서는 주어 다음에 **not**을 첨가하여 만들며, 격을 차리지 않은 글이나 회화에서는 주로 기능동사와 **not**을 축약하여 만듭니다.

ex. : Does he want it? → (Does he not want it?) → Doesn′t he want it?

Did they go? → (Did they not go?) → Didn′t they go?

부정의문문에서 **not**을 분리해서 말하는 경우가 가끔은 있습니다. 17년 전인가 어느 토크쇼의 진행자가 'Is it not true?' 하고 묻는 것을 처음 들었을 때 '저렇게도 말하네' 하고 놀란 경험이 있습니다. 이렇게 의문문에서 **not**을 분리해서 말하는 경우가 있기는 하지만 토크쇼나 법정 같은 장소에서나 나올 만한 따지는 듯한 말투이지 평상시에는 별로 쓰이지 않는 말투입니다.

- 부정적 혹은 준부정적인 의미의 부사를 문장의 맨 앞에 놓으면 부정적인 의미가 더욱 강조되기 때문에 영어에서 즐겨 사용되는 말투입니다. 이렇게 부정적인 의미의 부사가 문장의 제일 처음에 오면 대개의 경우 주어와 동사가 도치(자리바꿈)되는데 그 경우에도 기능동사만이 주어 앞으로 갈 수 있습니다. 이때 문장이 변형하는 과정은 의문문의 경우와 똑같습니다. 차이점은 의문사가 아니라 부정적인 의미의 부사가 문장의 제일 처음에 온다는 것뿐이지요.

ex. : Little did they know that* ~ ← They little knew that ~

    * Little did I dream ~과 같은 말은 문어체 문장이며, 구연동화라면 모를까 일반 구어체(대화)에는 어색한 표현입니다.

Seldom have I heard such beautiful singing.* ← I have seldom heard such beautiful singing.

    * seldom으로 시작하는 문장은 약간 formal한 느낌을 주지요.

Hardly had we started when it began to rain. ← We had hardly started when it began to rain.

- 질문에 짧게 대답하는 경우(준말), 그리고 같은 말의 반복을 피하려고 할 때도 (앞의 24개) 기능동사만을 사용해야 합니다. 마찬가지로 기능동사가 아닌 동사의 경우에는 조동사 **do**의 도움을 받으면 됩니다. 과정은 부정문을 만드는 과정과 거의 유사한데, 다음의 예를 보면서 다시 설명하도록 하겠습니다.

ex. : Did you find it? Yes, I did. No, I didn´t.

Can you do it alone? Yes, I can. No, I can´t.

Has she been notified? Yes, she has. No, she hasn´t.

Who wants to come with me? All of us do. None of us do.

Who broke the window? Jim did. I didn´t.

He isn´t punished a lot, and when he is, it seems to have no effect.

위에서, I did.는 Yes, I found it.의 준말이고 Yes, I can.은 Yes, I can do it alone.의 준말입니다. 또 Yes, she has.는 Yes, she has been warned.의 준말입니다. 이렇게 같은 말을 반복하는 것을 피하려고 (준말을) 할 때도 기능동사가 중요한 역할을 합니다.

- 부가의문문도 앞의 기능동사들로만 만들 수 있습니다. 아래의 예에서 보는 것처럼 앞문장이 긍정문이면 부가의문문은 부정문으로, 부정문이면 부가의문문은 긍정문으로 되야 합니다. 부가의문문을 좀더 쉽게 설명하면 한마디로 우리말의 "그렇지? 그치? (내가 지금 한 말) 맞니?"와 같이 어떤 말을 한 후에 재확인하거나 동의를 구하느라고 하는 말입니다. 부가 의문문에서는 대명사나 there만이 주어가 될 수 있습니다. 부가의문문은 말끝을 올려서 말하면 상대방의 동의를 구하는 질문이며 뒤끝을 내려서 말하면 말하는 사람이 확신에 차서 하는 말이 됩니다.

  ex. : Tomorrow´s Monday, isn´t it?

  He left yesterday, didn´t he?

  You want five one-dollar bills, don´t you?

  They won´t be here long, will they?

  There´s a cat in the garden, isn´t there?

이제, 앞의 기능동사 중에서 will, shall, can, may 등을 제외한 동사인 be, do, have의 문장에서의 역할을 좀더 자세히 살펴보겠습니다.

- be동사(am, is, are, was, were)

be동사는 조동사로 쓰일 때 뿐 아니라 그냥 연결동사로 쓰일 때도 대부분의 경우에 기능동사 역할을 합니다.

be동사가 조동사로 쓰이는 때는 진행시제를 만들 때와 수동태의 두 가지 경우입니다. 이 때는 위에서 언급한 것처럼 be동사 자체에는 아무런 뜻이 없습니다. 진행시제는 be동사 + 본동사의 현재분사형, 수동태는 be동사 + 본동사의 과거분사형으로 만들어집니다.

조동사 : She is working on her paper. (진행시제)

조동사 : Their flight was delayed. (수동태)

연결동사 : She is a freshman in college.

두 경우 모두 기능동사이므로 다음과 같이 의문문을 만들 때 주어 앞으로 올 수 있고, 부정문을 만들 때 뒤에 not을 붙일 수 있습니다.

ex. : Is she working on her paper?　　She´s not working on her paper.

　　　Was their flight delayed?　　Their flight was not delayed.

　　　Is she a freshman in college?　　She´s not a freshman in college.

be동사가 있는 문장을 명령문으로 바꾸는 경우 명령문의 동사는 원형이 와야 하므로 언제나 ‘be’ 를 씁니다.

ex. : You are patient. → Be patient!

유의할 것은 부정명령문의 경우 be not이 아니라 ‘Don´t be’ 를 사용해야 합니다.

ex. : Don´t be so silly* / curious!

* 여기서 ‘silly’라는 단어에 대해 설명을 하고 넘어가야 할 것 같습니다. 우리가 영어 단어의 뜻을 잘못 알고 괜한 오해를 하는 경우가 의외로 많아서입니다. 미국 유아원에 한국아이가 있었는데 어느 날 담임선생님이 그 아이를 향해 “He´s being silly.”하며 비웃듯이 말했다고 합니다. 그 때문에 그 아이의 어머니가 매우 분노하여 저에게 전화를 한 적이 있었습니다.

이 단어는 우리나라 사전에 ‘어리석은, 바보 같은’ 등의 아주 나쁜 뜻으로만 번역되어 잘못 인식되어 있는 단어 중의 하나입니다. 아이가 (물론 어른도) 기분이 좋아서 재미있는 동작을 해 보였다던가 재미있는 말을 해서 다른 사람을 즐겁게 해 주었을 때 쓸 수 있는 표현이 acting silly입니다. 예를 들어 제 아들 예일이가 학교에서 아주 재미있는 얘기를 해서 다들 웃고 있는 참에 제가 교실에 들어갔다면 선생님이 나에게 “Yale is acting silly!” 혹은 “Yale is being silly!”하고 말할 수 있는 것입니다. 따라서 전혀 나쁜 뜻이 아닙니다.

be동사가 '변화하지 않는 지속적인 상태'를 나타내는 경우에는 진행시제를 사용하지 않는 것이 원칙입니다. 우리말에는 "그 사람 지금 시티뱅크에서 일하고 있어요"라고 하니까 초보자들은 영어로도 진행형을 써야 하는 줄로 착각을 하고 진행형을 쓰는 것입니다. 아래의 예문을 보면 John이 아까는 시티뱅크에서 일했는데 지금은 다른 곳에서 일한다는, 매일매일 일하는 곳이 바뀐다는 뜻이 아님을 알 수 있습니다. 즉 존이 시티뱅크에서 일한다는 지속적인 상태를 나타내므로 현재시제를 써야 합니다. 하지만 이것은 어디까지나 원칙이고 '어떤 시간의 한도 내에서 지속되고 있는 상태를 표현할 때'에는 진행시제를 쓸 수 있습니다. 예를 들어 '거기서 일하기 전까지는 어디에서 일하고 있었다'거나 '군대에 가기 전까지는 어디서 일하고 있었다' 등으로 표현할 때에는 진행시제를 쓴다는 말입니다. 일상생활에서는 그런 표현을 쓸 일이 흔하기 때문에 미국 구어체에서는 'John is working for CitiBank.' 하고 진행형으로 말하는 것을 흔하게 들을 수 있습니다.

ex. : John works for CitiBank.

be동사가 '금방 변화하는 상태'를 나타내는 경우에도 진행형이 사용될 수 있습니다. 예를 들어 John is very patient.라고 하면 John의 성격을 묘사하는 말이며 지속적인 상태를 나타냅니다. 하지만 아래와 같이 진행시제로 말하면 (원래의 성격과는 관계없이) 현재 매우 존의 성질을 돋구는 일이 있는데 화를 폭발하지 않고 아주 잘 참아내고 있다는 의미입니다. 본동사 be가 이렇게 금방 변화하는 상태를 나타내는 의미로 쓰일 때는 why don't you~로 시작하는 문장에서는 기능동사 역할을 하지 못하여 do의 도움을 받습니다.

ex. : John is being very patient.

　　　 Why don't you be more reasonable?

- have동사(have, has, had)

　have가 조동사로 쓰일 때는 언제나 기능동사 역할을 합니다. 조동사로 쓰이는 경우는 완료시제를 만들 때뿐입니다. 완료시제는 조동사인 have동사 + 본동사의 과거분사 꼴로 만들어집니다.

　ex. : They have worked here for one year.

　　　 They haven't worked here for one year.

　　　 Have they worked here for one year?

미국영어에서 have는 일반동사인 경우 기능동사 역할을 하지 못합니다.

ex. : How many pencils do you have?

Tom doesn´t have a pencil.

Does your brother have a bicycle?

At what time do you have (=take) breakfast?

Did you have (=experience) any difficulty in finding the house?

have가 다음과 같이 사역동사로 쓰인 경우에도 기능동사 역할을 하지 못합니다.

ex. : How often do you have your hair cut?

I don´t have my hair cut every month.

- do동사

이 부분은 많은 사람들이 혼동하는 부분입니다. do동사가 기능동사 역할을 하는 경우는 오로지 조동사로 쓰일 경우에만 해당된다는 것을 잊지 말기 바랍니다. do가 문장에서 일반동사로 사용되는 경우는 기능동사가 아니기 때문에, 예를 들어 의문문을 만들려면 조동사 do의 도움이 필요합니다. 아래의 예문들을 보며 본동사로 쓰인 do와 조동사로 쓰인 do를 비교해 보십시오!

ex. : Tom did most of the work. (본동사 do)

Harry didn´t do much of the work. (앞에 do는 조동사, 뒤에 do는 본동사)

Did Jim do any of the work? (앞에 do는 조동사, 뒤에 do는 본동사)

Lynn does all the housework. (본동사)

Does Jane do anything? (앞에 do는 조동사, 뒤에 do는 본동사)

지금까지 영어의 가장 기본적인 몇 가지 문법 사항과 동사의 기능을 살펴보았습니다. 물론 이렇게 알고 몇 번 고개만 끄덕이는 것으로 끝난다면 실력은 절대 쌓이지 않습니다. 머리로만 아는 것이 아니라 습관이 되도록 연습을 해야 자기 실력이 되는 것입니다.

그럼 [섹션 1]부터 시작해 봅시다!

Is this your backpack?

이게 당신 배낭인가요?

다음 conversation의 내용을 먼저 듣고 따라 한 후, 본문을 보시기 바랍니다.

Jae : Excuse me!

저 실례지만...

Student : Yes? *

네?　　　　　　　　* 사실 미국인들은 주로 좀더 가볍게 'Yea?'라고 대답하죠.

Jae : Is this your backpack?

이거 학생 배낭이에요?

Student : Yes, it is! Thank you very much.

네, 맞아요! 정말 고맙습니다.

물건의 주인을 찾아 질문하는 간단한 대화입니다. 모르는 사람에게 질문을 하는 것도 상대를 잠깐 방해하는 것이 되므로 **'Excuse me?'** 라고 할 수 있습니다.

Is this your backpack?

인칭대명사의 소유격이 사용되었습니다. | ex. : your, her, his, my, our, their |
명사의 소유격은 명사 뒤에 '´s'를 첨가하면 됩니다. | ex. : This is **Jaesook's** car. |
명사가 drivers와 같이 s로 끝나는 경우는 소유격 부호 '´'만을 첨가합니다.
| ex. : drivers´manual |

일반적인 책가방(book bag)이나 큰 손가방(purse : 우리말로 핸드백) 등을 통칭하여 **'bag'** 이라고 부르는 것이 일반적입니다.

Thank you very much.

'Thanks' 는 'Thank you' 보다 격을 차리지 않은 표현입니다. 비슷한 또래에게는 'Thanks' 라고 해도 좋지만, 확실한 윗사람에게는 **'Thank you'** 라고 하는 것이 듣기 좋습니다. (You might say 'Thanks' to someone your own age, but 'Thank you' to someone significantly older than you.)

this와 it의 비교

여기서 잠깐 **this**와 **it**의 사용을 짚고 넘어가겠습니다. 흔히 너무 쉽다고 생각한 나머지 무시하고 지나치기 쉽지만, 그런 단어들도 그 용례를 확실히 알게 되면 영어의 감이 생깁니다.

바로 눈앞에 있는 물건이나 사람을 가리킬 때 사용하는 지시대명사는 **this**이고, 떨어진 거리에 있는 물체를 가리킬 때는 **that**을 사용합니다. 그 지시하는 대상이 복수라면 각각 **these**와 **those**를 사용해야겠지요?

it에는 여러 가지 쓰임새가 있는데 앞의 conversation에서는 '앞에서 언급한 사물' 을 가리키는 말입니다. 앞서 언급한 사물을 반복해서 말하는 대신 (단수인 경우에는) 이렇게 it으로 간단하게 줄여 말하는 것이 통례입니다.

비교를 해서 보면 좀더 쉽게 감을 잡을 수 있을 것 같군요. 예를 들어 **Is <u>this</u> your computer?**와 **Is <u>it</u> your computer?**를 비교해 보죠.

앞의 문장은 눈앞에 있는 컴퓨터를 가리키면서 "이거 네 컴퓨터야?"라고 묻는 말입니다. 눈앞의 컴퓨터를 가리키면서 it이라고 칭한다고 해도 틀린 표현은 아니지만 Is it your computer?라는 말이 나올 수 있는 상황은 예를 들어 친구가 컴퓨터에 바이러스가 침투했을 때 어떻게 해야 하는지 물었다고 해 봅시다. 그때 '누구' 의 컴퓨터를 이야기하고 있는 건지 궁금해서 '앞에서 언급했던 컴퓨터' 를 칭하여 물어볼 때 Is it your computer? 하고 물어볼 수 있습니다. 강세는 물론 **your**에 두어야겠고요.

다음의 그림을 보면서 테이프를 따라하세요. 새로운 문장유형을 접할 때마다 단어를 다음과 같이 바꾸어가면서 수십 번씩 말하는 연습을 하면, 자신도 모르게 그 문장유형을 외우게 되고 문장구조도 자신의 것이 됩니다. 소유격의 **your** 대신에 **his**, **her**로 바꾸어서 말하는 연습도 함께 해 보세요.

ex.) Is this your __*pen*__ ?   Yes, it is.

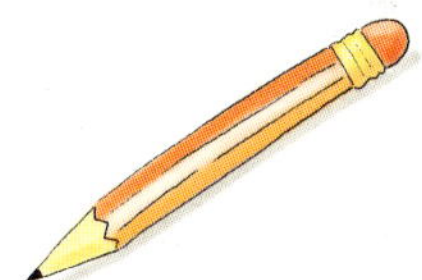

1. pencil

2. book

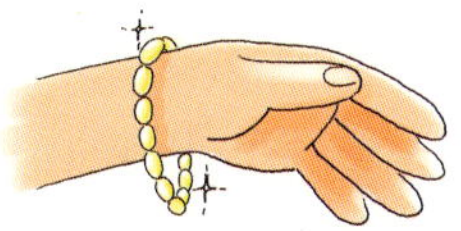

3. bracelet

4. watch

5. house

6. car

7. boyfriend

8. coat

9. notebook

발음할 때의 나쁜 습관들

한 유학생이 처음 미국에 와서 아파트 사무실이 어디 있는지를 이웃들에게 물어보는데 아무도 그의 말을 알아듣지 못하는 바람에 대학까지 졸업한 자신의 영어실력에 회의를 느꼈다는 말을 들은 적이 있습니다. office를 oppice로 발음하니 알아들을 턱이 없죠. 의사소통이 되도록 말과 글을 써먹을 수 없다면 그것은 실력이 아닙니다. 쉬운 표현이라고 무시하지 말고 기초부터 정확한 발음과 액센트로 연습하면 무너지지 않는 튼튼한 영어의 기초를 다질 수 있을 것입니다.

영어 듣기가 제대로 안 되는 원인은 여러 가지가 있겠지만, 우선 자신이 하지 못하는 발음은 잘 들리지 않습니다. 초보자는 단어 하나하나의 발음도 따로 연습해야 하지만 단어와 단어를 연이어 말할 때 변하는 발음에도 익숙해져야 합니다.

저는 단어만 따로 외우는 단어장은 한 번도 만든 적이 없지만 발음을 위한 단어장은 영어를 시작하고 나서 처음 1년 동안은 항상 가지고 다녔습니다. 공부를 하는 도중에 발음이 잘 안 되는 단어나, 한 문장 안에서 단어들이 연결되어 발음될 때 그 단어 본래의 발음과는 다르게 변형되는 경우 원어민처럼 자연스럽게 연이어 읽기 위해 발음 단어장에 기록해 놓고 틈이 날 때마다 연습을 했죠. 예를 들어 Is this your pen?에서 **Is this**의 연음 처리도 초보자에게는 쉽지 않습니다. is의 /z/ 발음을 제대로 하려면 장기간의 연습이 필요하기 때문입니다. /th/ 발음도 마찬가지입니다. 게다가 두 단어가 서로 만나 빚어내는 발음을 원어민처럼 자연스럽게 연결하여 발음하려면 (처음엔) 많은 연습이 필요합니다.

영어단어를 발음할 때의 아주 나쁜 습관 중 하나가 바로 머릿속에 자기도 모르게 영어단어에 대한 발음을 한글로 쓰는 것입니다. 그 습관을 고치지 않으면 발음을 고치기 힘듭니다. 이에 대해서는 저와 다른 의견을 가지고 있는 영어교육자들도 있는 것으로 알고 있습니다만, 한글로 영어발음을 기억하는 방법을 저는 결코 권하고 싶지 않습니다. 영어발음을 우리말로 표기하는 데에는 한계가 있기 때문입니다. 예를 들어 영어의 /t/와 우리말의 /ㅌ/(티귿) 발음이 비슷해 보이지만 /t/ 발음은 혀로 아주 가볍게 입천장을 차면서 내야 하므로 엄격하게 말해 ㅌ과 다른 소리가 납니다. 우리말로 /애플/ 하면 apple과 같은 발음이 날 것 같지만 /ㄹ/과 /l/은 절대 발음이 같지 않습니다. 마찬가지로 your도 한글로 쓴 것처럼 /유어/라고 하면 정확한 발음이 아닙니다. 발음을 머리로 기억하는 것은 영어를 처음 공부하는 몇 달 동안입니다. 그 후에는 우리의 혀와 입술이 발음을 기억하게 될 것입니다.

입술 모양도 우리말을 할 때와는 당연히 다르게 움직여야 합니다. 예를 들어 pen은 입술을 아래로 움직이지 않고 옆으로만 벌리면서 소리를 내죠. 우리말의 발음은 입술을 별로 움직이지 않는 특징이 있지만, 영어는 혀 모양뿐만 아니라 입술의 모양도 매우 중요하므로 늘 자각하고 연습을 해야 합니다.

영어발음의 장단은 의미에 엄청난 차이를 냅니다.

우리말에서는 별로 민감하지 않은 부분이지만, 예를 들어 beach나 sheet을 잘못하여 단음으로 발음하면 아주 상스러운 욕설이 되어버린다는 것은 다들 잘 알고 있을 겁니다. 또 가장 흔히 하는 실수가 단어의 끝에 오는 자음을 우리말에서처럼 질질 끌어 말하는 거죠. 예를 들어 church처럼 끝이 ch로 끝나는 단어의 경우 ch에 임의로 /이/를 붙여서 /치/라고 발음하는 것이 바로 그것입니다. 원어민이 [Let's Practic!](65쪽)에 나오는 coat나 notebook을 발음할 때 뒤처리를 어떻게 하는지 귀 기울여 듣고 따라 해 보시기 바랍니다.

우리말과는 달리 영어는 철자 그대로 읽을 수 있는 언어가 아닙니다. 철자와 발음이 틀린 경우가 많기 때문입니다. 하지만 대개의 단어는 철자와 발음이 유사하므로 앞으로 발음에 대한 설명을 하면서 알파벳을 가지고 설명을 한다고 해도 큰 무리는 없을 듯합니다.

숫자를 영어로 알아듣고 말하는 것 역시 부단한 연습을 통해서만이 익숙해질 수 있습니다. 본서에서는 섹션 안에 단계별로 숫자를 도입하여 여러분이 간단한 숫자부터 복잡한 수치에 이르기까지 차근차근 연습할 수 있도록 돕겠습니다.

먼저 A의 숫자들을 순서대로 듣고 따라 하기 바랍니다. 여건이 된다면 입으로만 따라 말하는 것이 아니라 숫자를 받아 적어 보면 더욱 효과적일 것입니다. 숫자를 연습할 때도 아무 생각 없이 발음만 연습하지 말고 **언제나 그 숫자를 머릿속에 그리면서 연습해야 그 발음과 이미지가 숫자와 함께 기억이 됩니다.**

A. 0~9까지의 숫자를 순서대로 듣고 따라 하세요.

0	1
2	3
4	5
6	7
8	9

zero | one | two | three | four | five | six | seven | eight | nine

B. 원어민이 말하는 숫자를 듣고 받아쓴 후 아래의 답과 맞추어 보십시오.

1.

2.

3.

4.

5.

6.

※ 전화번호 읽기는 《Mainstream English》를 참조하기 바랍니다.

---

1. My office number is 496-3702 | 2. My home number is 836-5107 | 3. My office number is 582-3691 | 4. My home number is 237-0916 | 5. My office number is 532-8617 | 6. My home number is 514-4723

Here is my ticket.

여기 제 티켓 있습니다.

A : Here is my ticket. My coat and umbrella, please?

여기 제 티켓 있습니다. 제 코트하고 우산 부탁합니다.

B : Thank you, sir. Here are your coat and your umbrella.

감사합니다, 선생님. 코트하고 우산 여기 있습니다.

A : I´m sorry, but this is not my coat!

미안하지만 이건 제 코트가 아닌데요.

B : Is this your coat?

이게 선생님 코트입니까?

A : No, it isn´t. My coat is blue!

아뇨, 그것(도) 아닌데요. 제 코트는 파란색입니다.

B : Is this <u>it</u>?*

(그럼) 이것입니까?

＊ 여기서의 it은 your coat를 받는 말이지요.

A : Yes, it is. Thank you very much.

네, 그거예요. 정말 고맙습니다.

My coat and umbrella, please?

초보 단계에서는 어려운 표현이지만 그냥 My coat and umbrella, please?라고 하는 것보다
May I have my coat and umbrella, please?가 훨씬 고상한 표현입니다. **May I have ~**
외에 또 흔히 쓰이는 표현은 다음과 같습니다.

– Could I have my things, please?　　제 소지품 좀 주시겠어요?

– I would like my backpack now.　　제 배낭 좀 주시겠어요?

– Hi. I am all ready to go!*　　저 이제 (소지품만 찾으면) 갈 준비가 다 되었거든요!

＊ 이 표현은 미국인들이 흔히 쓰며 매우 친숙한 느낌을 줍니다. 격이 없는 말이면서도 결례가 되는 표현은 아니며
연장자에게도 쓸 수 있습니다.

하지만 사실 대부분의 경우 아무 말도 하지 않고 그냥 꼬리표나 열쇠를 건네주면 소지품을 찾아 돌려
주지요. (You can just hand the person your tag or key, and they will get it right away.)

Let's Practice

I. 질문에 대한 대답으로 'Yes, it is.' 와 'No, it isn't.' 로 대답하는 연습입니다. 강세에 주의 하면서 들으세요. 우리말도 같은 대답을 할 때 "맞아", "아냐, 이게 내 거야" 하고 강세가 들어 가듯이 영어로 말을 할 때도 마찬가지로 강세를 제대로 넣어서 말해야 합니다. 다음 그림을 보 면서 답을 말해 보고 테이프를 따라 하세요. 친구와 함께 연습해도 좋고 주위에 있는 다른 물건 들로 대치해서 연습해도 좋습니다.

1. A : Is this your briefcase?

   B : _______________________

2. A : Is this your school?

   B : _______________________

3. A : Is this your seat?

   B : _______________________

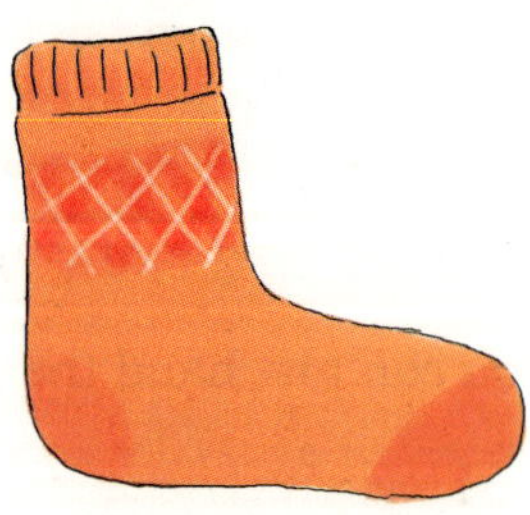

4. A : Is this your sock?

   B : _______________________

5. A : Is this your son?

   B : ___________________

6. A : Is this your wallet*?

   B : ___________________

* 주로 남성의 뒷주머니에 들어가는 접어지는
지갑을 wallet이라고 하며, 여성의 지갑은
일반적으로 pocket book이라고 합니다.

이 표현들은 우리에게 너무나 익숙한 표현이긴 하지만 초보자에게는 정확히 어떤 상황에서 이 표현을 써야할지 감이 잘 안 올 수도 있습니다. 이런 표현이 쓰일 수 있는 상황들을 표현 하나하나마다 상세하게 설명을 해 보겠습니다(78쪽). 이 문장구조에서 의미상의 주어는 동사 뒤에 나온 명사입니다. 부사 here를 문장 맨 앞에서 사용하여 주어·동사를 도치시킨 문장형태지요. 덧붙여서 명사를 대명사로 받아서 말할 때는 **Here it is. Here they are.** 하고 순서를 바꾸어서 말해야 합니다. 대명사가 주어일 때 주어·동사를 도치하면 어색해집니다. 다음 그림을 보고 'Here ~' 로 시작하는 문장을 만드는 연습을 해 보세요.

1. ______________________

2. ______________________

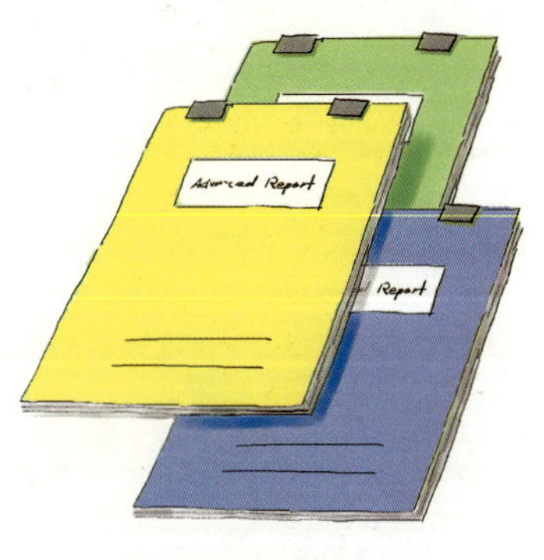

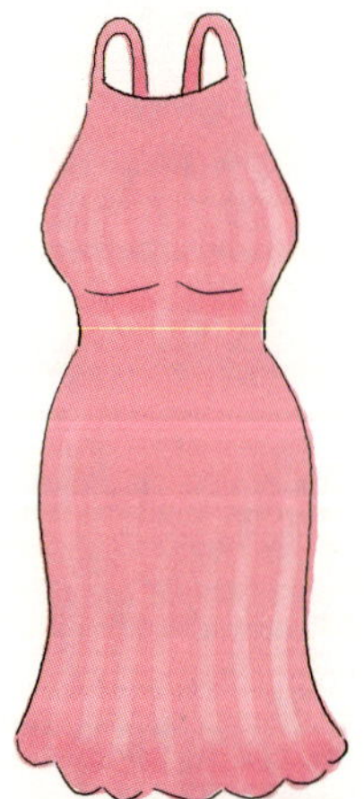

3. ______________________

4. ______________________

5. ___________________________

6. ___________________________

7. ___________________________

8. ___________________________

1 타월을 빌려 주면서도 이렇게 말할 수 있겠고 집에 묵게 된 손님에게 **Here is my towel. I put yours on the back of your bedroom door.** (여기 이건 제 타월이고요. 당신 것은 당신 침실 문 뒤에 걸어 놓았어요.) 하고도 말할 수 있겠죠. 또 친구에게 집을 구경시켜 주면서 Here is my bathroom, and here is my towel. 하고 장난삼아 말할 때도 물론 쓰일 수 있겠고요.

미국에서는 자신의 집에 처음 온 손님에게 **Would you like a tour?** 하고 집구경을 시켜 주는 것이 흔한 일입니다. 어떻게 사는지 보여 주고 또 보면서 서로를 더 이해하고 친해질 수 있기 때문이죠.

2 우선 내 책을 상대에게 빌려 주면서 "자, 여기 있어요" 하는 의미로 **Here is my book.**이라고 말할 수 있겠지요. 또 다른 상황은 예를 들어 친구에게 내가 읽은 책에 대해 한창 얘기를 하다가 마침 거실 탁자에 그 책이 놓여 있는 것을 보고 "아, 내 책 여기 있네" 하는 의미로 쓰일 수 있겠습니다.

3 paper가 셀 수 없는 명사라고 알고 있죠? 맞습니다. 그 의미가 종이일 때는 셀 수가 없습니다. 예를 들어, 프린터를 이용하려는데 종이가 떨어졌다면 **I'm out of paper, I need some paper, I need some sheets of paper.** 등 셀 수 없는 명사이므로 복수형으로 표현하지 못합니다.

하지만 앞의 예에서는 '논문' 이라는 뜻의 셀 수 있는 명사로 쓰였기 때문에 복수형으로 쓰일 수 있습니다. 참고로 우리가 대학에서 리포트라고 부르는 것을 미국에서는 **a paper**(한 권의 논문)라고 합니다. 미국에서는 초 · 중 · 고의 과제 수준 정도의 글을 리포트라고 부릅니다. (ex. : book report)

6 어디에 있는지 모르는 신발을 찾다가 발견했을 때도 할 수 있는 말이지만 신발가게에서 너무나 완벽하게 맘에 드는 신발을 보고 **I have found the perfect pair of shoes for me.**와 같은 의미로 **Here are my shoes!**라고 할 수도 있습니다. (이만하면 here is ~ / here are ~에 대한 감이 확실히 잡히죠?)

7 앞의 예와 마찬가지로 차를 빌려 줄 때도 **Here is my car. Here are my keys.** 하고 말할 수 있겠고 또 예를 들어 상대방과 조금 전까지 내 차 얘기를 하다가 내 차가 있는 곳으로 왔다면 **Here is my car.** (이게 내 차야.) 하고 말할 수 있겠지요.

8 머리에 꽂는 머리핀이 영어로는 **barrettes**입니다. 머리띠(semi-circle bands)는 **head bands**라고 합니다. (Sometimes they have little rows of teeth on the insides to keep it in your hair. 띠가 머리에 고정되도록 안쪽 둘레가 빗모양으로 만들어져 있는 것도 있죠?)

머리를 묶는 고무줄은 이름이 다양해서 **rubber bands, binders, hair bands, elastics** 등 지역마다 여러 가지 다른 이름으로 불리기 때문에 한 지역에서 불리는 이름을 다른 지역에서는 전혀 모르기도 합니다. 예를 들어 위스콘신 주에서는 binders라고 하는데 인디애나 주에서는 그렇게 부를 경우 아무도 못 알아듣거든요. 이 중 가장 무난하게 불리는 명칭이 **hair bands**입니다.

Check your bag!

이 부분은 다시 기초를 다지는 중·고급 독자들을 위한 부록입니다. 초급 독자들은 나중에 이런 회화 표현들을 공부할 수준이 될 때 언제든지 돌아와서 표현을 익힐 수 있습니다.

:: You can _check_ your things at art museums, plays, dance performances, conferences, banquets, etc.

미술관이나 연극, 무용발표회, 학회 또는 연회 등에 가면 물건을 맡아주는 장소가 있습니다.

:: If you go to a nice place (a little fancy), there will most likely be a coat _check_.

근사한 장소에 가면 대개 코트를 맡아두는 장소가 있기 마련이지요.

:: If you're not sure, you can call ahead and ask.

잘 모를 때는 미리 전화해서 물어보면 됩니다.

:: Sometimes you have to pay to _check_ your things.

물건을 맡길 때 돈을 내야하는 경우도 있습니다.

:: The prices are usually posted outside the coat _check_ so that you can see how much money you will need.

대개 코트 보관소 밖에 가격이 명시되어 있으므로 얼마가 드는지 알 수 있어요.

:: It is often only a few dollars. For example, at the Chicago Art Museum it costs about 2 dollars to _check_ your coat and purse.

몇 달러가 보통이죠. 예를 들어 시카고 미술관은 2달러를 받습니다.

:: At a bookstore you have to _check_ your bag, purse, or backpack when you enter the store.

서점에서는 입장할 때 가방이나 지갑을 꼭 맡겨야만 합니다.

:: They have this particular policy to cut down on shoplifting!

도둑질을 줄이기 위해 그런 정책을 쓰는 거죠.

↘ be동사에 있는 두 가지 다른 뜻

본문에 사용된 be동사들은 두 가지 다른 뜻으로 사용되었습니다. **This is my coat.**라고 할 때의 be동사의 의미는 '~이다' 라는 '**상태**' 를 나타내지만, **Here is my ticket.**에서는 '~이 있다' 라는 '**존재**' 의 의미를 가집니다. He is not here.도 마찬가지이고요.

Amy, where are you from?

에이미, 넌 어디서 왔니?

Amy : Good morning, Professor.

좋은 아침이에요, 교수님.

Professor : Hi, Amy. How are you?

안녕, Amy. 잘 지내니?

Amy : I′m pretty good.

잘 지내요.

Professor : Amy, this is Jaesook. She is from Korea. Jaesook, this is Amy.

에이미, 얘는 재숙이야. 재숙이는 한국에서 왔지. 재숙, 얘는 Amy란다.

Amy : Hi, Jaesook.

안녕, 재숙.

Jae : Hi, nice to meet you. Amy, where are you from?

안녕, 만나서 반가워. Amy, 넌 어디서 왔니?

Amy : Well, I am originally from Montana.

응, 내 본 고향은 Montana야.

Jae : Oh, Montana is beautiful!

그래, Montana는 아름다운 곳이지!

How are you?

이에 대한 대답으로 옛날 영어교과서에 나왔던 'Fine, thanks. And you?' 라는 표현을 기억하시는지요? 'And you?' 는 영국식 표현으로 미국인들은 전혀 쓰지 않는 말투입니다. 그 당시 한국에서 영어교육을 받은 이들이 How are you?라는 질문에는 한결같이 fine, thanks. And you?라고 답하는 것이 미국인들에게는 무척이나 어색하게 느껴졌다고 합니다.

I'm pretty good.

보통 pretty가 '귀여운, 예쁜' 이란 뜻의 형용사로 쓰이는 것으로만 알고 있는데, 앞의 대답에서처럼 pretty는 very 보다 약간 낮은 강도를 나타내는 부사로 사실 미국인들이 구어체에서 흔히 쓰는 단어입니다.

This is Jaesook.

사람을 소개할 때 ― 'This is ~'

앞에서 사람을 소개할 때 this를 사용한 것을 볼 수 있죠? 사물만을 가리켜서 this라고 하는 줄로 잘 못 알고 있는 분들도 있습니다. 미국인들이 사람을 향해 this라고 하는 것에 약간 기분 나빠하는 경우를 본 적이 있습니다.

하지만 이 지시대명사는 사람을 가리킬 때도 사용되는 단어입니다. 아무리 높은 사람을 소개한다 해도 this로 칭할 수 있다는 말이죠. 기분 나빠할 이유가 전혀 없습니다. 가까이 있는 사람은 this로, 조금 떨어져 있는 사람을 가리키며 소개할 때는 that으로 칭하면 됩니다.

우리나라 사람들이 사람을 소개할 때 실수로 "She is Amy."라고 하는 경우를 몇 번 본 적이 있는데 그렇게 인칭대명사를 쓰면 그 전까지 얘기하던 어떤 여성을 칭하는 말이 되므로 적절하지 않은 표현이 됩니다. ([섹션 1]에서 this와 it의 비교설명을 참고하세요.) 본문의 **This** is Jae. **She** is from Korea. 두 문장을 보시면 먼저 This로 소개를 한 후에 두번째 문장에서 She는 '앞에서 말한 이' 를 칭하는 인칭대명사를 사용한 것을 알 수 있습니다.

Amy, where are you from?

What nationality are you?도 가끔 쓰지만 미국에서는 **Where are you originally from?** 이나 **Where are you from?**을 보다 흔히 들을 수 있습니다. 어디 출신인지 물을 때 우리가 흔히 말하듯이 **Your accent sounds German. Are you from Germany?** (너 독일 액센트가 있는데 독일에서 왔니?)라고도 할 수 있겠습니다.

Well, I am originally from Montana.

본문에 쓰인 **well**은 영미인들이 매우 즐겨 쓰는 표현으로서 말하다가 중간에 잠깐 생각하는 동안 상황에 따라 '어…' , '그러니까' , '그게' , '그렇다면' 등의 약간씩 다른 뜻을 지니면서 말의 빈자리를 메우는 역할을 합니다.

비음이 들어가는 발음

같은 단어라도 미국인의 발음으로 들으면 어쩜 이렇게 다르게 들릴까 하고 의구심이 들 때가 있었을 겁니다. 발음할 때의 혀의 위치와 입모양뿐 아니라 발음의 장단과 강약도 신경을 써야 하고 비음이 들어가기도 하므로 우리말의 발음과는 많은 차이가 있는 거죠. 예를 들어 good morning의 /m/이나 /n/은 비음이 들어가는 발음입니다. 콧소리가 크게 울리고 morning 의 첫음절에 강세가 들어가도록 연습하면 원어민에 가깝게 발음할 수 있을 것입니다.

평서문에서 의문문으로의 문장구조 변환 연습

이 섹션에서는 How are you? Where are you from? 등 의문사로 시작하는 의문문이 처음 소개되었습니다. 처음에는 의문사가 있는 의문문이 눈에 잘 안 와 닿고 어색할 수가 있는데 그럴 때는 문장의 평서문을 의문문으로 직접 바꾸어보면 그 의문문이 덜 어색해질 뿐더러 문장구조가 한눈에 와 닿게 됩니다. 한번 해 볼까요?

① 먼저 평서문의 형태로 문장을 봅니다. → **I am pretty good.**

② 이 경우 이렇게 'I' 라는 대답을 얻으려면 상대방은 'you' 로 물어봐야겠죠?

  → **[You are <u>pretty good</u>.]***

③ 내가 알고 싶은 내용은 밑줄 친 부분이니까 의문사로 바꾸어야겠죠? 상태를 나타내므로 how가 필요하고요. → **[You are <u>how</u>?]***

④ 의문사가 제일 처음에 와야죠. → **[<u>How</u> you are.]***

⑤ 다음 기능동사가 주어 앞으로 와야 하죠? be동사는 기능동사 역할을 하므로

  → **How are you?**

* 변환하는 도중의 [ ] 안의 문장은 과정을 설명하기 위하여 보여 준 것이므로 완성된 문장이 아닙니다.

미국에서는 처음 만난 사람에게 고향이 어디인지, 어디 출신인지 서로 묻는 것이 아주 자연스럽습니다. 그러면 상대방이나 다른 사람의 고향을 묻는 연습을 해 보겠습니다.

먼저 예문 그림을 보면서 테이프를 따라 질문과 대답을 연습하십시오. 그 다음, 1번부터 차례대로 그림을 보면서 질문과 대답을 먼저 소리내어 말해 본 후에 테이프를 듣고 다시 한번 따라 하십시오. 영어공부를 하는 친구와 함께 연습하면 더욱 효과적일 것입니다. 소유격 your 대신에 his, her로 바꾸어서 말하는 연습도 함께 하세요.

ex.) Where are you from?
I am from Korea.

1. _______________________

2. _______________________

1. Where is he from? He is from the Netherlands. | 2. Where is she from? She is from Germany.

ex.) What's your nationality?

I am Korean.

1. _______________________________

____

2. _______________________________

____

3. _______________________________

____

4. _______________________________

____

1. What's his nationality? He is Korean. | 2.What's his nationality? He is Swedish. | 3. What's her nationality ? She is Japanese. |
4. What's her nationality? She is American.

먼저 A의 숫자들을 순서대로 듣고 따라 하기 바랍니다. 여건이 된다면 입으로만 따라 말하는 것이 아니라 숫자를 받아 적어보면 더욱 효과적일 것입니다. 숫자를 연습할 때도 아무 생각 없이 발음만 연습하지 말고 언제나 그 숫자를 머릿속에 그리면서 연습해야 그 발음과 이미지가 숫자와 함께 기억이 됩니다.

A. 10~19까지의 숫자를 순서대로 듣고 따라 하세요.

10	11
12	13
14	15
16	17
18	19

ten | eleven | twelve | thirteen | fourteen | fifteen | sixteen | seventeen | eighteen | nineteen

B. 원어민이 말하는 숫자를 듣고 받아쓴 후 아래의 답과 맞추어 보십시오.

1.	2.
3.	4.
5.	6.
7.	8.
9.	10.

1. 13 | 2. 12 | 3. 15 | 4. 11 | 5. 14 | 6. 19 | 7. 17 | 8. 10 | 9. 16 | 10. 18

What´s your job, Jae?

넌 무슨 일을 하니, 재?

Conversation

Jae : Are you a new student here?

너 여기 신입생이니?

Dan* : Yes, I am. My name's Dan.

응, 그래. 내 이름은 Dan이야.

* Dan은 Daniel의 애칭입니다. 영어권 국가에서는 이름을 줄여서 애칭으로 부르는 일이 흔하지요. Elizabeth를 Liz, William을 Bill, Richard를 Rich, Samuel을 Sam, Timothy를 Tim으로 등 여러 가지 예가 있습니다.

Jae : How are you doing? My name's Jae. Are you a graduate student?

안녕! 내 이름은 재야. 너 대학원생이니?

Dan : No, I am not. I am an undergrad. What´s your job, Jae?

아니야. 난 학부생이야. 재, 넌 무슨 일을 하니?

Jae : I am a Ph. D. student in Child Development.

난 아동발달박사과정 학생이야.

Dan : That´s cool!

야, 그거 멋지구나!

That´s cool.

(That´s) **Cool!**, (That´s) **Awesome!**, (That´s) **Neat!**는 미국인들이 즐겨 쓰는 감탄사입니다.

cf. That is cool! 대신에 **This is cool!**이라고 하면 안 될까요?

보통 this와 that을 쉽다고 하면서 무시하고 지나치는 경향이 있는데 아무리 쉽다고 해도 회화에 적용을 못한다면 제대로 알고 있는 것이 아닐 겁니다.

여기서도 this는 가까운 것, that은 조금 동떨어진 것을 지칭하는 규칙을 적용하면 됩니다. 그러니까 자신이 직접 하고 있는 것, 예를 들어 최신 컴퓨터를 만지면서 아주 멋지다고 말할 때는 This is cool.이라고 하면 되고 다른 사람이 그 컴퓨터에 관해 하는 얘기를 듣고 멋지다라고 하려면 That is cool. 하면 된다는 거죠. 어떤 것을 '보면서' 멋있다고 하는 경우에는 그때의 상황에 따라 this나 that 중 어느 것이나 사용할 수 있습니다.

한 가지 더! 우리나라 사람들은 that과 it 등이 너무 쉽다고 생각한 나머지 소홀히 여기는 경향이 있어서 두 대명사를 혼동하여 쓰는 경우가 많습니다. 위 문장에서 **that**은 앞에서 언급된 문장이나 서로가 당연히 알고 있는 일을 가리키는 대명사입니다. 네가 박사과정 학생이라는 문장(You are a Ph.D. student.)을 반복하는 대신에 **that**으로 칭한 것이므로 이때 It´s cool. 하고 말하면 (it은 어떤 사물을 가리키는 말이므로) 정확하지 않은 표현이 되는 것입니다.

발음 끝처리

영어를 시작하면서 처음에는 대개 자음*consonant*을 발음하는 데에 어려움을 겪고, 자음 발음에 익숙해지고 귀가 트이면서부터는 모음*vowel* 발음을 교정하게 됩니다. 그런데 영어발음은 끝처리를 잘하면 발음이 훨씬 깔끔하게 들립니다. 본문의 단어들을 보면 대개가 자음으로 끝나는 것을 볼 수 있죠? 이 끝의 자음을 마치 우리말 하듯이 발음해 버리는 사람들이 많습니다.

예를 들어 cool의 /l/을 발음할 때 우리말로 /쿠우울/ 하고 읽으면 될 것 같지만 엄밀히 말하면 그렇지는 않거든요. 영어자음에서 /t/, /d/, /l/은 발음할 때 혀의 위치가 같습니다. 윗니 바로 뒤의 입천장에 혀를 가볍게 차면서 내는 소리지요.

하지만 끝이 l로 끝나는 문장은 l의 발음을 완전히 낸다기보다는 그것을 발음하는 입모양으로 끝마무리를 해 준다고 생각하는 편이 좋습니다. school이나 cool 등을 발음할 때 /schoo~/ 하고 발음하면서 입이 둥글어진 상태에서 입모양은 그대로 하고 혀를 입천장의 위치에 살짝 갖다 대보세요. 혀를 차는 대신에 입천장에 가져다 대고 발음을 끝맺는 거죠. 그렇게 하면 훨씬 감칠맛나게 발음이 될 겁니다.

not, student, development 등 /t/로 끝나는 발음은 혀끝으로 입천장을 살짝 차면서 소리를 내면 됩니다.

또 한 가지 child development에서와 같이 발음할 때 혀의 위치가 같은 자음 두 개가 겹치게 되는 경우, 보통 두 자음을 두 번 따로 발음하는 대신에 한 번에 강하게 발음합니다.

TiP 가정주부를 영어로 어떻게 표현하면 좋을까?

가정주부를 표현하는 단어인 housewife는 이제는 거의 쓰이지 않는 구닥다리 표현이며 homemaker가 쓰이기는 하지만 그다지 자주 들을 수는 없습니다. 미국에서 가장 흔히 그리고 즐겨 쓰이는 표현은 a stay-at-home mom인데 물론 아기가 있는 경우에만 해당됩니다.

가정주부라는 말에 해당하는 영어표현을 찾기 어려운 것은 우리와 미국의 문화 및 사회적 상황이 다르기 때문입니다. 미국에서는 결혼한 후 아기가 없는 상태에서 직업 없이 집에만 있는 여성이 거의 없습니다. 십여 년 전의 한 연구조사에서도 미국의 전체 기혼여성 중 전업주부는 7%가 안 되었으니 지금은 그보다 더 미미할 것입니다.

I. 다양한 직업을 말하는 연습을 해 봅시다.

A : What's your / his / her job?

B : I'm / He's / She's ________________.

1.

2.

3.

4.

5.

6.

7. 

8. 

9. 

10. 

11. 

12. 

13. 

II. 이제 주어의 변화에 따라 동사와 명사의 단·복수를 알맞게 변형하는 것과 평서문을 부정문과 의문문으로 전환하는 연습을 해 보겠습니다. 먼저 괄호 안의 힌트를 가지고 문장을 부정문과 의문문으로 변형하여 말해 본 후에 테이프를 듣고 답을 확인하면서 따라하십시오.

---

ex.) <u>I am</u> an engineer.

(She)　　　　　　　She is an engineer.

(Not)　　　　　　　She is not an engineer.

(Question)　　　　　Is she an engineer?

---

1. I am an engineer.

   (He)　　　　　　　_______________________

   (Not)　　　　　　　_______________________

   (Question)　　　　_______________________

2. I am an engineer.

   (They)　　　　　　_______________________

   (Not)　　　　　　　_______________________

   (Question)　　　　_______________________

3. I am an engineer.

   (I)　　　　　　　　_______________________

   (Not)　　　　　　　_______________________

   (Question)　　　　_______________________

4. I am an engineer.

(We) ______________________________________

(Not) ______________________________________

(Question) ______________________________________

* Am I an engineer?는 문장을 변형하는 연습을 위해 넣었지만 이렇게 말하면 '내가 엔지니어냐구?' 하고 되묻
는 질문이 될 수도 있고 또 (과연) 내가 엔지니어인가?'라는 뜻의 수사적인 의문문이 될 수도 있습니다.

1. He´s an engineer. He is not an engineer. Is he an engineer? | 2. They´re engineers. They are not engineers. Are they engineers? | 3. I am an engineer. I am not an engineer. Am I an engineer? * | 4. We´re engineers. We are not engineers. Are we engineers?

How is your mother doing?

어머니는 어떻게 지내세요?

다음 conversation의 내용을 먼저 듣고 따라 한 후, 본문을 보시기 바랍니다.

Mr. Hall : Good morning, Mrs. Davis.

좋은 아침이예요, Davis 여사.

Mrs. Davis : Good morning, Mr. Hall. How are you doing?

좋은 아침이예요, Hall 선생님. 어떻게 지내세요?

Mr. Hall : I am doing well. How are you?

전 잘 지냅니다. 여사는 어떠세요?

Mrs. Davis : I am great. It is such a beautiful morning.

아주 좋아요. 참 아름다운 아침이예요.

Mr. Hall : Yes, it is! How is your husband doing?

네, 정말 아름다운 아침이네요. 바깥분은 어떠십니까?

Mrs. Davis : He's fine. But he's really busy with work. How is Mrs. Hall?

그이도 잘 지내요. 그런데 일이 너무 바쁘지요. Hall여사는 어떠세요?

Mr. Hall : She's doing pretty good.

아주 잘 지내요.

Mrs. Davis : Is this your new puppy? He's so cute!

얘가 새로 생긴 그 강아지인가요? 고녀석 정말 귀엽네.

이 본문에서는 약간 formal한 느낌을 주는, 나이가 든 사람들의 인사를 한번 소개해 보았습니다. 요즘 젊은 미국인들 사이에는 How are you doing?에서 doing의 g를 발음하지 않고 **How are you doin'?** 하고 말하는 것이 전반적인 유행입니다.

미국에서 **good morning**은 여전히 (아침에) 자주 들을 수 있는 인사말이지만 good afternoon은 평소 대화에서는 이제 그다지 쓰이지 않습니다. 예를 들어 사무실에서 전화를 받을 때나 회의 등 다소 사무적이고 격식을 차리는 장소에서나 주로 쓰이는 인사가 되었기 때문입니다.

| ex. : Good afternoon! This is the Study Abroad office. How can I help you? |

안녕하세요! 국제교류실입니다. 무엇을 도와드릴까요?

(물론 오전에는 Good morning, 12시 이후에는 Good afternoon, 5시 정도 이후에는 Good evening이라고 하죠.)

미국인들의 평소 대화에서 오후 인사는 **Hi.** 나 **Hello.** 혹은 **Hi. It's a (nice/rainy/cold/warm) day, isn't it?** 등이 훨씬 흔합니다. 다양한 인사말 표현은 《Mainstream English》를

It is such a beautiful morning.

1. 비인칭 주어 it

여기에서 쓰인 it은 [섹션 1]에서 소개했던 것과 같은 앞서 언급한 사물을 가리키는 말이 아니라 날짜나 날씨, 색깔, 명암, 거리 등을 가리키는 비인칭 주어입니다.

주어를 밥먹듯이 생략하는 우리말과는 달리 영어에서는 주어를 생략하는 경우가 별로 없습니다. 색깔을 말하거나 날짜를 말할 때마다 The color is … / Today′s date is … 등으로 말하는 대신에 it으로 간단하게 말하면 되므로 아주 편리하답니다.

2. such a beautiful morning

이 표현에서 such는 very 혹은 a lot을 의미합니다. 보통 부사의 위치는 관사가 있는 경우, He is a very good student.에서처럼 관사의 뒤에 오지만 such 같은 부사는 such a beautiful morning에서처럼 관사 앞에 위치합니다.

이 such와 비교되어 문법책에 많이 나오는 것이 such와 비슷한 뜻의 so입니다. 이 둘의 차이점은 so 바로 뒤에는 형용사가 와야 한다는 것으로 나와 있죠? It′s so hot.과 같이 so는 흔히 형용사와 함께 쓰입니다.

하지만 이런 『so + 형용사 + 관사 + 명사』 형태는 문어체에서는 가끔 볼 수 있지만 많은 한국 사람들이 알고 있는 바와는 달리 미국 구어체에서는 거의 사용되지 않는 표현입니다. 다음 문장은 『so +형용사 + 관사 + 명사』 형태가 문어체에서 사용된 예입니다.

| ex. : It has never influenced the human condition in so decisive a manner. |
　　　하지만 여기서도 such를 사용하는 것이 더 자연스럽게 들립니다.

시중에 인기 있는 우리나라 문법책들에서 부사의 위치에 따른 순서를 설명하는 도중에 She′s so wonderful a girl. 하는 식으로 적어놓은 것을 보았는데 미국 구어체에서는 아무도 그렇게 말하지 않기 때문에 매우 어색한 표현이 된다는 사실을 기억하시기 바랍니다. 본문의 문장도 It′s so beautiful a morning. 하면 맞을 것 같지만 전혀 쓰이지 않는 표현입니다. 문법을 따라 사람들이 말을 하는 것이 아니라 말의 변천에 따라 문법이 변해야 한다는 것을 잊지마십시오.

앞의 [섹션 4]와 여기[섹션 5]에서는 인사말에서 쓰이는 현재진행형이 처음 소개되었습니다. 일반
적인 진행시제는 [섹션 12]에서 본격적으로 소개됩니다만, 이 표현은 워낙 흔히 쓰이는 인사말이
라 처음부터 익히는 것도 좋을 것 같아서 본문에 첨가했습니다. 진행형으로의 전환은 [섹션 12]에
서 다루겠습니다.

평서문에서 의문사로 시작하는 의문문으로의 문장구조 변환 연습

① 평서문의 형태로 먼저 문장을 봅니다. → **He is doing <u>pretty good</u>.**

② 밑줄 친 부분이 궁금해서 묻는 것이므로 그 부분을 의문사로 바꿉니다.

  상태를 나타내므로 how 가 필요합니다. → **[He is doing <u>how</u>?]** *

③ 먼저 의문사가 제일 처음에 와야죠. → **[<u>How</u> he is doing.]** *

④ 다음 기능동사가 주어 앞으로 와야 하죠? → **How is he doing?**

* 변환하는 도중의 [ ] 안의 문장은 과정을 설명하기 위하여 보여 준 것이므로 완성된 문장이 아닙니다.

안부를 묻고 대답하는 연습입니다. 먼저 예문을 듣고 따라 해 보십시오. 그 다음 답을 보지 않은 상태에서 힌트를 이용하여 그림에 대한 질문과 대답을 소리내어 말해 본 후 테이프를 듣고 답을 확인하십시오.

답을 보지 않은 상태에서 테이프를 들으며 따라하는 연습을 반복하기 바랍니다. 이 질문에 대해서는 다양한 답이 나올 수 있으므로 굳이 본문에 쓰인 답만을 사용할 필요는 없습니다. 주어진 예문의 주어 이외에도 다른 주어로 바꾸어서 연습을 해 보기 바랍니다.

How is your mother doing?

1.	2.	3.

| (Hint) you | (Hint) your kids | (Hint) Yale |

1. How are you doing? I am doing pretty good. | 2. How are your kids doing? They are doing great. | 3. How is Yale doing? Yale is doing very well.

Number Drill

먼저 A의 숫자들을 순서대로 듣고 따라 하기 바랍니다. 여건이 된다면 입으로만 따라 말하는 것이 아니라 숫자를 받아 적어보면 더욱 효과적일 것입니다. 숫자를 연습할 때도 아무 생각 없이 발음만 연습하지 말고 **언제나 그 숫자를 머릿속에 그리면서 연습해야 그 발음과 이미지가 숫자와 함께 기억됩니다.**

A. 20~29까지의 숫자를 순서대로 듣고 따라 하세요.

20	21
22	23
24	25
26	27
28	29

B. 원어민이 말하는 숫자를 듣고 받아쓴 후 아래의 답과 맞추어 보십시오.

1.   2.

3.   4.

5.   6.

7.   8.

9.   10.

1. 26 | 2. 22 | 3. 29 | 4. 21 | 5. 23 | 6. 27 | 7. 20 | 8. 25 | 9. 28 | 10. 24

Whose shoe is this?

이건 누구 신발이지?

다음 conversation의 내용을 먼저 듣고 따라 한 후, 본문을 보시기 바랍니다.

(Amy is visiting Jaesook at her house.)

Amy가 재숙의 집을 방문하고 있다.

Amy : Thank you for the meal!

식사 고마워!

Jae : Oh, yea. Any time.

으응, 그야 언제든지 (너는 환영이지)!

Amy : You are a good cook. It was fun.

너 정말 요리 잘 한다. 아주 즐거웠어.

(They walk to the door together.)

둘이 함께 문으로 걸어간다.

Amy : But where is my shoe?

근데 내 신발 한 짝이 어디 있지?

Jae : Whose shoe is this? Is this your shoe?

이거는 누구 신발이지? 이게 네 신이니?

Amy : Oh. Yes, it is. That´s funny. Thank you (for finding my shoe).

어. 그래 그거 맞아. 거 우습네. (신발 찾아줘서) 고마워.

Jae : See you tomorrow.

내일 또 보자.

Amy : Goodnight, Jae. Thanks again!

재, 잘 자. 다시 한 번 고맙다.

Thank you.

thank에는 '~에게 감사하다' 라는 뜻이 있죠? 그런데 thank를 그냥 '감사, 혹은 감사하다' 라는 뜻으로만 외우는 사람이 많습니다. 영어단어를 우리말로 새길 때는 정확한 뜻이 되도록 유의해야 합니다. 예를 들어 이 동사는 뒤에 반드시 목적어가 와야 말이 되는 단어니까 '~에게'를 함께 외워야 합니다. 그래야 뒤에 '감사의 대상'이 목적어로 와야 한다는 것을 알 수 있지 않겠어요? 우리말에서는 목적어에 꼭 '~를'이라는 조사가 붙지만 영어의 목적어는 여러 가지 다른 뜻으로 번역될 수 있습니다.

물론 영어단어에 대한 이미지를 우리말 번역을 거치지 않은 채 그대로 곧바로 머리에 새기는 것이 영어를 공부하는 가장 좋은 방법입니다. 하지만 이미 우리말로 알고 있는 영어단어 중 (특히 성인이 되어서 영어를 시작하는 분들은) 의미를 잘못 알고 있던 단어들은 다시 제대로 익혀야 할 필요가 있습니다.

Thank you for the meal.

여기서 **for**는 '~에 대해' 라는 의미의 전치사로 그 뒤에 '감사의 이유' 를 나타낼 수 있습니다. 다음을 볼까요? 비슷한 유형을 연습하는 동안 자신도 모르게 전치사의 사용에 익숙해지게 됩니다.

– Thank you *for* lunch.　　점심 감사합니다.

– Thank you *for* the American dinner. It was good.

　미국식 저녁식사 고마워. 아주 맛있었어.

– Thank you *for* having me over to your house to study.

　너희 집에서 공부하게 해 줘서 고맙다.

– Thank you *for* help with my homework.　　과제 도와줘서 고마워.

– Thank you *for* the ride.　　태워다 주셔서 고맙습니다.

Any time.

Sure, No problem, You´re welcome. 등과 함께 매우 흔히 쓰이는 감사에 대한 응답이 **Any time**입니다. '이런 부탁은 언제든지 해도 좋다, 기꺼이 도와주겠다' 는 말이지요.

You are a good cook.

우리말로는 '너 요리 참 잘하는구나' , '노래 잘하는구나' 하고 풀어서 말하기 때문에 영어로도 풀어서 말하고 싶을 때가 있는데 이때 가장 적합한 미국식 영어표현은 **You are a good cook. He is a good singer.**입니다. 영어에서는 명사의 사용을 선호하는 경향이 있습니다.

But where is my shoe?

한국에서는 식당이나 가정을 방문했을 경우 신발들이 마구 섞여서 본인 신발을 찾는 데에 시간이 한참 걸리는 경우가 있지요? 신발을 한 짝 잃어버렸을 때 쓸 수 있는 또 다른 표현은 다음과 같습니다.

110

– My shoe is lost.   내 신발 한 짝이 없어졌어요.

– I can´t find one of my shoes.   내 신발 한 짝이 안 보여요.

– My shoe is missing. Hmm, where did it go?   신 한 짝이 없어졌네. 흠, 어디 갔을까?

That´s funny.

여기서의 that은 [섹션 4]에서 설명한 that의 용례처럼 앞에서 언급되어 이미 서로 알고 있는 일(문장)을 받는 대명사입니다.

평서문에서 의문문으로의 문장구조 변환 연습

이 섹션에서는 **Whose shoe is this?** 등 소유격 의문사로 시작하는 의문문이 처음 소개되었습니다. 이 의문문도 평서문에서 바꾸어보는 연습을 한번 해 보지요.

① 평서문의 형태로 먼저 문장을 봅니다. → **This is <u>your</u> shoe.**

② 내가 알고 싶은 내용은 밑줄 친 부분이니까 의문사로 바꾸어야겠죠?
   이때 '누구의' 라는 의미를 가진 의문사가 whose입니다. → **[This is <u>whose</u> shoe?]** [*]

③ 의문사를 문장 맨 앞에 가져올 때 이 의문사는 소유격이므로 뒤의 명사도 같이 따라와야
   합니다. → **[<u>Whose</u> shoe this is?]** [*]

④ 그 다음 기능동사가 주어 앞으로 와야 하죠? be동사가 기능동사 역할을 하므로
   → **<u>Whose</u> shoe is this?**

의문문이 눈에 설어서 어색할 때마다 이렇게 평서문에서 의문문으로 바꾸는 연습을 해 보세요. 연습을 거듭할수록 한눈에 문장이 눈에 들어오고 그 문장구조도 내 것이 됩니다.

[*] 변환하는 도중의 문장은([ ] 안의 문장) 과정을 설명하기 위해 보여 준 것이지 완성된 문장이 아니므로, 올바른 표현이 아닙니다.

연음 법칙

여기서 발음도 잠깐 짚고 넘어가야 할 것 같습니다. **Whose shoe is this?**에서 whose의 끝 발음과 shoe의 첫 자음발음이 같지요? 이러한 경우에 대부분의 경우 두 자음을 따로 발음하는 것이 아니라 하나로 발음하되 좀더 강하게 발음합니다. 테이프를 주의 깊게 듣고 연습해 보세요!

[섹션 4]에서 언급한 발음 끝처리에 유의하면서 meal과 cook의 발음을 연습하십시오.

Tip | 배웅할 때 주로 쓰는 표현은 뭘까?

다음은 떠나는 손님을 문 밖으로 함께 나가면서 배웅할 때 주로 쓰는 표현입니다.

· I will walk you to the door. 　문 밖까지 같이 가줄게.

· Let me walk you to the door. 　내가 문 밖까지 같이 가줄게.

· Let me see you out. 　제가 나가는 데까지 같이 가 드릴게요.

· I´ll see you out. 　제가 나가는 데까지 같이 가 드릴게요.

· Let me walk you to your car. 　네 차 있는 곳까지 같이 가줄게.

명사의 소유격은 명사에 ''s'를 덧붙여서 만들 수 있죠? 여기에 나온 예처럼 ''s'는 소유형용사 역할과 소유대명사의 역할 두 가지를 다 할 수 있습니다.

| ex. : It's Amy's shirt.　그건 Amy의 셔츠야. | It's Amy's.　그거 Amy거야. |

소유대명사는 소유격 형용사와 뒤의 명사를 합친 단어입니다. 우리말로 '나의 것, 그의 것' 등의 뜻이 되는 것이죠. | ex. : mine, yours, his, hers, ours, theirs | 3형식 남성형인 his는 소유격 형용사와 소유대명사가 같은 형태임에 유의하세요!

그리고 글을 쓸 때에는 사물에 대한 소유형용사인 its와 주어와 동사의 축약형태인 it's를 혼동하지 않도록 유의하십시오.

다음은 그림을 보면서 그림의 물건이 누구의 소유인지 묻고 대답하는 연습입니다. 그림 옆에는 주인의 이름이 써 있습니다. 먼저 예문을 듣고 따라 해 보십시오. 그 다음 1~4 그림들도 순서대로 보면서 질문과 대답을 소리내어 말해 본 후에 테이프를 듣고 다시 한번 따라 하십시오.

아래에 주어진 단어들 이외에도 주위에 있는 물건들을 가리키며 누구의 것이냐고 묻는 연습을 해 보십시오. 물건이 나와 가까이 있으면 **this**를, 나보다 멀리 떨어져 있으면 **that**을 사용합니다. 소유격인 ''s'를 사용하여 답해 보세요!

* 다음 그림들 안의 나무는 물건의 원근 표시를 돕기 위해 사용된 것입니다.

1.

(Hint) Whose pen, I

____

____

____

2.

(Hint) Whose shoe, Amy

____

____

____

3.

(Hint) Whose sister, Yale

____

____

____

4.

(Hint) Whose dog, Jim

____

____

____

1. Whose pen is this? It's my pen. It's mine. | 2. Whose shoe is this? It's Amy's shoe! It's Amy's. |
3. Whose sister is that? That's Yale's sister. She is Yale's sister. | 4. Whose dog is that? That's Jim's dog. It's Jim's.

먼저 A의 숫자들을 순서대로 듣고 따라 하기 바랍니다. 여건이 된다면 입으로만 따라 말하는 것이 아니라 숫자를 받아 적어보면 더욱 효과적일 것입니다. 숫자를 연습할 때도 아무 생각 없이 발음만 연습하지 말고 **언제나 그 숫자를 머릿속에 그리면서 연습해야** 그 발음과 이미지가 숫자와 함께 기억됩니다.

A. 30~39까지의 숫자를 순서대로 듣고 따라 하세요.

30	31
32	33
34	35
36	37
38	39

thirty | thirty-one | thirty-two | thirty-three | thirty-four | thirty-five | thirty-six | thirty-seven | thirty-eight | thirty-nine

B. 원어민이 말하는 숫자를 듣고 받아쓴 후 아래의 답과 맞추어 보십시오.

1.

2.

3.

4.

5.

6.

7.

8.

9.

1. 33 | 2. 38 | 3. 32 | 4. 36 | 5. 31 | 6. 37 | 7. 34 | 8. 39 | 9. 35

What color is your new dress?

새로 산 네 드레스는 무슨 색깔이니?

다음 conversation의 내용을 먼저 듣고 따라 한 후, 본문을 보시기 바랍니다.

Jae : What color is your new dress?

네 새 드레스는 무슨 색깔이니?

Nancy : It's green. Come upstairs and see it.

초록색이야. 위층에 올라와서 봐.

Jae : That is a pretty dress!

그 드레스 참 예쁘다!

Nancy : Thanks.

고마워.

Jae : What color are your new shoes? Are they the same color?

너 새로 산 신발은 무슨 색깔이니? 그것도 같은 색이니?

Come upstairs and see it.

이보다 더 가벼운 표현은 **Come see it.** (와서 봐!)이고, 조금 격을 갖추어서 말을 하려면 **Would you like to see it?** (보고 싶어/요?)이라고 하면 됩니다.

That is a pretty dress!

옷이 예쁘다고 칭찬을 할 때 쓸 수 있는 다른 표현들은 다음과 같습니다.

– That is a cute dress.　　그거 아주 예쁘네.

– It's very nice.　　정말 근사한 걸.

– It will look good on you.*　　너한테 아주 잘 어울리겠다!

＊ 위의 conversation의 내용을 보면 친구가 옷을 입고 있지는 않고 그냥 보여만 주고 있으므로 이와 같이 미래형
　으로 말해야 같은 뜻이 되겠지요. 만일 입고 있는 옷이 잘 어울린다고 하려면 현재형으로 해야겠죠?
　| ex. : It looks good on you. |

↘ 영어에서의 단어 축약

영어로 글을 쓸 때 논문과 같이 격을 갖추어야 하는 글에서는 단어를 축약해서 쓰지 않습니다. 대부분의 미국인들이 이메일을 주고받는 경우에는 가벼운 말투로 단어를 축약해서 적지만 (ex. : I'd like to~) 이메일이라도 격을 갖추어서 말하고 싶거나 그래야 하는 사람에게는 I would like to~ 와 같이 단어를 축약하지 않고 쓰는 것이 관례입니다.

하지만 대화에서는 많은 사람들이 축약을 해서 말합니다. '격이 있다', '가볍다' 의 구분은 별다르지

않습니다. 같은 표현이라도 단어를 또박또박 말하면 격이 있는 표현이 되고 What color´s your new dress?와 같이 축약을 해서 말하면 좀더 가벼운 표현이 되는 것입니다.

dress의 발음도 우리말의 /드레스/와 물론 같지 않습니다. d 뒤에 있는 /r/은 우리말에 없는 발음입니다. 앞에서 언급한 것처럼 알파벳 /l/, /d/, /t/는 발음할 때 혀가 치아 뒤 입천장에 닿습니다. 이때 /t/는 혀를 차는 소리만 나며 목소리는 나지 않는 발음이지만, /d/는 목에서 소리를 내줘야 나는 강한 발음입니다. 입천장에 혀를 놓았다가 강하게 소리를 내고 떼면서 입천장을 건드리지 않고 /r/의 발음을 이어주어야 합니다. 한번 해 보십시오. 우리말의 /드레스/와는 확연히 다른 소리가 날 것입니다.

다음은 그림을 보면서 무슨 색깔인지 묻고 답하는 연습입니다. 먼저 예문을 듣고 따라 해 보십시오. 그 다음 1~10 그림들을 순서대로 보면서 대답을 소리내어 말해 본 후에 테이프를 듣고 다시 한번 따라 하십시오. 단수인 물건과 복수인 물건을 물어볼 때의 동사의 변화에 유의하십시오.

ex.) What color's your dog?
He's / She's brown.

1.

(Hint) dress

____

____

2.

(Hint) shorts

____

____

3.

(Hint) backpack

____

____

4.

(Hint) suitcase

____

____

5.

(Hint) pants

____

____

6.

(Hint) hair

____

____

7.

(Hint) hair

____

____

8.

(Hint) hair

____

____

9.

(Hint) car

____

____

10.

(Hint) t-shirts

____

____

1. What color's her dress? It's red. | 2. What color are her shorts? They're brown.
3. What color's his new backpack? It's green. | 4. What color's his suitcase? It's brown.
5. What color are her pants? They're blue. | 6. What color's his hair? It's red. 또는 He's a redhead.
7. What color's her hair? It's blonde. 또는 She's blonde. | 8. What color's her hair? It's brown. 또는 She's a brunette |
9. What color's her car? It's black. | 10. What color are the t-shirts? They're pink.

1. 영어에도 다양한 색깔을 표현하는 단어들이 많이 있습니다. 같은 색이라도 채도와 명도에 따라 이름이 다르니까요. 같은 계통의 색을 모아 보았습니다.

- **RED COLORS**(빨간색 계열) : crimson, scarlet, ruby, cherry red, burgundy
- **ORANGE COLORS**(오렌지색 계열) : carrot colored, ginger
- **YELLOW COLORS**(노란색 계열) : golden, blonde(blonde는 머리카락색 뿐 아니라 재료나 나무의 색깔에도 쓰이는 단어입니다.)
- **PINK COLORS**(연분홍색 계열) : peach, rose
- **PURPLE COLORS**(자주색 계열) : lavender, violet, plum, lilac, wine, mauve, amethyst
- **GREEN COLORS**(초록색 계열) : sea green, forest green, teal, jade, emerald, olive, lime, mint green
- **BLUE COLORS**(푸른색 계열) : azure, navy, cobalt, sapphire, turquoise, jean(청기지 색을 일컫는 거죠.)
- **LIGHT/NEUTRAL COLORS** : tan, beige, cream, gray, heather gray, midnight blue

2. 다음은 흔히 쓰이는 옷감의 이름과 무늬를 몇 가지 소개합니다.
- *suede* 세무
- *angora* 앙고라
- *leather* 가죽
- *cotton* 면
- *wool* 모
- *rayon* 레이온

- *corduroy* 골덴

- *silk* 실크

- *jean* 청기지

- *fleece* 양털같은 옷감

- *pleather** 인조가죽

* 이 단어는 'leather처럼 보이는 plastic'이라는 의미의 신조어라고 볼 수 있습니다. 참고로 비닐을 미국에서는 주로 plastic이라고 부릅니다.

- *polka dotted* 방울무늬

- *solid colored* 단색

- *striped* 줄무늬가 있는

- *shiny* 광택이 나는

- *shimmery* *shiny* 보다는 약한 정도로 은은히 빛나는

- *silky* 비단 같은

- *fluffy* 솜털 같은

- *ribbed* 직물 자체에 골이 파이게 짜여진 (스웨터에 많이 있지요).

- *ruffled* 레이스가 달린

3. 좋아하는 색깔이 무엇인지 물어볼 때는 **What's your favorite color?**

좀더 가볍게 물어보려면 **What color's your favorite?** 하고 말하면 되겠습니다.

대답은 **My favorite color is green.**과 같이 하면 되겠죠. color를 다른 단어로 교체하여 What's your favorite food? What's your favorite movie? 등 얼마든지 상대방의 기호를 물어볼 수 있겠습니다.

Are these your suitcases?

이게 당신들 가방입니까?

Conversation

다음 conversation의 내용을 먼저 듣고 따라 한 후, 본문을 보시기 바랍니다.

(At the airport)

공항에서

A : Hello. Your passports, please? (= May I see your passports?)

안녕하세요? 여권 좀 볼까요?

Couple : Here they are.

여기 있어요.

A : You are from Korea?

한국에서 왔습니까?

Couple : Yes, we are.

네, 저희는 한국에서 왔어요.

A : Are these your suitcases?

이게 당신들 여행가방입니까?

Couple : Yes, they are.

네, 그것들 저희 가방이에요.

A : Are you here for vacation?

휴가로 여행 온 겁니까?

Couple : Yes, we´re tourists.

네, 저희들 관광객이에요.

A : Okay. Everything is in order. Have a nice trip!

좋습니다. 다 잘 되어 있군요. 좋은 여행되십시오!

You are from Korea?

이 문장은 평서문의 형태지만 의문문으로 사용되었습니다. 우리말에도 평서문의 뒷끝만 올려서 의의문을 만드는 경우가 있지요?

Are you from Korea?라고 하면 몰라서 묻는 질문이며 **You are from Korea?**는 아무래도 서류 등을 보면서 재차 확인하는 말투라고 볼 수 있습니다.

Yes, we are. Yes, they are.

이때 **are**는 기능동사로서 반복을 피하기 위해 문장의 나머지를 생략한 준말이므로 강세를 넣어서 말해야 합니다.

Are you here for vacation?

다음은 Are you here~?를 활용한 다양한 표현들을 보여드리겠습니다. 반복하여 연습하면서 문장 구조가 자연스럽게 익혀지도록 하세요.

- _Are you here_ for work?　　취업 때문에 온 겁니까?

- _Are you here_ to see friends?　　친구 보러 온 거예요?

- _Are you here_ to shop?　　쇼핑하러 오셨어요?

- _Are you here_ to sightsee?　　관광하러 오셨나요?

- _Are you here_ to meet someone?　　누구 만나러 오신 건가요?

- _Are you here_ to have dinner?*　　저녁식사를 하실 겁니까?

* 예를 들어 식사를 하기에는 너무 이른 시간이나 혹은 너무 늦은 시간에 식당에 도착하면 위와 같은 질문을 받을 수 있겠죠? 너무 이르거나 늦은 시간에는 음료와 주류만 제공하는 경우가 있으니까요.

- _Are you here_ to pick something up?*　　무엇을 찾으러 오셨어요?

* 참고로 pick up에는 '~을 집어 올리다'라는 뜻 외에도 다양한 뜻이 있습니다. 위 예문에서처럼 '(서류나 물건)을 와서 찾아가다'라는 의미로도 매우 자주 쓰이며 '차량 등을 이용해 (사람)을 데리러 오다'라는 뜻으로도 흔히 쓰이는 표현입니다. (ex. : Could you pick me up at five? 다섯시에 (차로) 나 좀 데리러 와 줄 수 있니?) 땅이 넓은 미국에서는 자동차가 없으면 발이 없는 것이나 마찬가지입니다. 이처럼 문화를 알면 언어에 대한 이해가 더 쉽게 되겠죠. 또 《Mainstream English》에도 나와 있듯이 Pick up your room.이라고 하면 '방에 흩어진 물건들을 정리하라'는 말이 되죠. 2권 [섹션 3]의 [Useful Expressions]에 pick과 관련된 표현들이 좀더 자세히 소개되어 있습니다.

Everything is in order.

이 표현은 **Everything is here. Great! Everything looks good.** 등과 같은 뜻입니다. 이 표현은 주로 서류 등을 살펴보고 나서 당사자에게 돌려주면서 하는 말인데, 모든 자료가 ABC 순서대로 되어 있다는 뜻이 아니고, 필요한 서류가 제대로 다 갖추어져 있다는 말입니다. 이해를 돕기 위해서 이 표현을 영어로 다양하게 풀어보겠습니다. (Everything you need is here. Everything that is required is here. Everything is complete. Everything is filled out. Everything is legitimate.)

in order의 반대말은 **out of order**(질서에서 벗어난)입니다. 물건이 고장났을 때 무조건 out of order라고 하면 되는 줄 아는데 이 표현은 공공시설에나 쓰는 말이며 가정용품이나 사적인 물건이 고장난 경우에는 사용하지 않는다는 것을 기억하기 바랍니다.

우리말과는 달리 영어에서는 인칭대명사의 성별과 단·복수 개념이 명확하며 주어의 성별과 단·복수 여부가 문장 내의 동사와 명사에도 영향을 줍니다. 영어실력이 상당히 향상된 후에도 많은 사람들이 이 부분에서는 실수를 거듭합니다. 이를 극복할 수 있는 가장 좋은 방법은 반복된 연습뿐이라는 것을 늘 기억하세요. 습관이 되어 익숙해질 때까지 영어로 생각을 표현하는 연습을 해야 따로 신경을 쓰지 않아도 실수하지 않게 되는 것입니다.

듣고 따라 하면서 영어의 액센트에 익숙해지도록 노력하십시오. 미국영어는 대명사나 소유격 형용사, 전치사 등은 대개 약하게 발음하고 중요한 단어에 강세가 들어가기 때문에 액센트가 생깁니다. 그 액센트에 익숙하지 않으면 강한 한국어 액센트가 실릴 뿐 아니라 미국인이 하는 말도 무슨 말인지 하나도 못 듣고 지나칠 수 있습니다. 예를 들어 빨리 말할 때는 his와 her와 같은 단어들의 경우 다른 단어에 묻혀서 /h/는 거의 소리가 나지 않거든요. 강약의 리듬을 주의 깊게 듣고 액센트를 주면서 말하는 연습을 반복하십시오.

다음은 그림을 보면서 그 물건이 누구의 것인지 묻고 긍정적·부정적으로 대답하는 연습입니다. 먼저 예문을 듣고 따라 해 보십시오. 그 다음 나머지 그림들도 순서대로 보면서 질문과 긍정, 부정 두 가지 경우의 대답을 소리내어 말해 본 후에 테이프를 듣고 다시 한번 따라 하십시오.

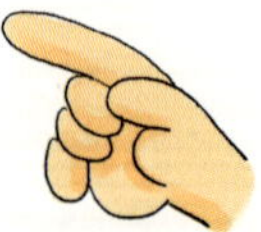

ex.) Are these your suitcases?

Yes. These are my suitcases.

No. These are not my suitcases.

1. (Hint) glasses

____

____

____

2. (Hint) blankets

____

____

____

3.

(Hint) children

____

____

____

1. Are these his glasses? Yes. These are his glasses. | No. These are not his glasses. |
2. Are these her blankets? Yes. These are her blankets. | No. These are not her blankets. |
3. Are these their children? Yes. These are their children. | No. These are not their children.

133

먼저 A의 숫자들을 순서대로 듣고 따라 하기 바랍니다. 여건이 된다면 입으로만 따라 말하는 것이 아니라 숫자를 받아 적어보면 더욱 효과적일 것입니다. 숫자를 연습할 때도 아무 생각 없이 발음만 연습하지 말고 **언제나 그 숫자를 머릿속에 그리면서 연습해야 그 발음과 이미지가 숫자와 함께 기억이 됩니다.**

A. 다음의 숫자를 순서대로 듣고 따라 하세요.

26	33
48	53
62	71
83	94
100	101

twenty-six | thirty-three | forty-eight | fifty-three | sixty-two | seventy-one | eighty-three | ninety-four | one hundred | one hundred and one

B. 원어민이 말하는 숫자를 듣고 받아쓴 후 아래의 답과 맞추어 보십시오.

1.

2.

3.

4.

5.

6.

7.

8.

9.

1. 46 | 2. 63 | 3. 96 | 4. 73 | 5. 101 | 6. 58 | 7. 21 | 8. 85 | 9. 36

사고방식의 차이에서 오는 장벽

"여기에는 왜 왔느냐?"라는 질문과 "나는 여기 영어공부하러 왔다"라는 대답을 한번 영어로 표현해 봅시다. 우리나라 사람들은 보통 다음과 같이 표현합니다.

1A : Why *did you come* here?

1B : I *came* here to study English.

하지만 영어가 모국어인 사람들은 같은 표현을 다음과 같이 말하지요.

2A : Why are you here? 혹은 What brings you here?

2B : I am here to study English.

1A, 1B의 문장은 '오다' 라는 '동작'에 좀더 초점이 맞춰진 반면 2A, 2B는 온 '이유'와 '목적'에 더 초점이 있다는 것이 차이입니다. 문화와 사고방식의 차이가 언어에 반영되는 것을 볼 수 있겠지요?

'여기에는 왜 왔느냐?' 라는 우리말을 잠깐 생각해 봅시다. 이 질문의 진의가 무엇입니까? 우리말은 전달하고자 하는 의미를 약간 우회적으로 표현합니다. 이 표현을 들으면 마치 '오다' 라는 동작에 초점이 맞춰져 있는 것처럼 들리지만 사실 알고 싶은 것은 '왜 이 사람이 여기에 있느냐' 는 것인데 말이죠.

반면에 영어로는 진의를 직접적으로 표현해야 의미가 제대로 전달됩니다. 영어식 사고방식으로는 1A 처럼 말하면 상대방에게 반감을 일으킬 수도 있습니다. 마치 오지 말아야 하는데 왔다는 듯한 투의 말이 되거든요. '여기에 있는 이유가 무엇이냐' 고 묻고 '영어공부를 하기 위해 와 있다' 고 답하는 것이 좀더 자연스러운 거죠. 우리 문화에서는 '당신이 여기에 있는 이유가 뭐요' 하는 영어식 사고방식의 질문이 오히려 반감을 부를 만한 말인걸 보면 두 나라 문화의 차이가 크긴 큰 것 같습니다.

하지만 이렇게 **why**로 시작하여 묻는 것도 상당히 직설적이고 사무적인 느낌을 주기 때문에 일상 대화에서는 보다 공손하고 친근한 말투인 **What brings you here?**(여긴 어쩐 일로 온 거예요?)가 흔히 쓰입니다. 또 본문에서처럼 Are you here to~?(~하러 오신 겁니까?) 하고 묻는 것도 덜 직설적으로 묻는 방법 중의 하나이고요.

이처럼 문화의 차이에서 오는 표현의 차이는 무궁무진합니다. 영어로 표현할 때에는 진짜 의미하는 바를 생각하며 말해야 합니다.

136

What are their jobs?

저이들이 하는 일은 무엇인가요?

Conversation

다음 conversation의 내용을 먼저 듣고 따라 한 후, 본문을 보시기 바랍니다.

* 시설이 잘된 미국대학 소속의 유아원과 유치원은 반투명 거울(one-way mirror) 뒤에 관찰실(observation booth)을 갖추고 있어서 부모와 연구원 그리고 허가받은 방문객들이 수시로 어린이들을 관찰할 수 있도록 되어 있습니다. 관찰실에서 교실 곳곳에는 마이크장치가 되어 있어서 교사와 어린이들의 대화를 들을 수 있게 되어 있지요.

(A childcare center director and a visitor are talking at an observation booth.)

유아원 원장과 방문객이 관찰실에서 대화하고 있다.

Director : **That's Kelly. She's the head teacher.**

저 사람이 Kelly예요. 그녀가 담임 선생님이죠.

Visitor : This is a very nice room. There are lots of activities for the children.

교실이 참 잘 꾸며져 있네요. 아이들 놀이거리가 정말 많고 말이에요!

Director : Yes, Kelly is a very busy teacher!

네, Kelly는 정말 부지런한 선생이지요.

Visitor : Those ladies are so interested in the children. What are their jobs?

저 아가씨들 아이들에게 굉장히 관심을 쏟고 있는데. 저이들이 하는 일은 뭔가요?

Director : They are student helpers.

저이들은 학생보조원들이에요.

Visitor : Who is that young man?

저 젊은 남자분은 누구인가요?

Director : Oh, he is Yale′s father.

아, 그분은 예일이 아버지예요.

Visitor : Who is the woman with blond hair?

저 금발머리 여성은 누구죠?

Director : That′s Jane. She is the head teacher for the other class.

저이는 Jane이에요. 다른 교실의 담임 교사죠.

There are lots of activities for the children.

a lot of와 lots of는 '아주 많은' 이란 의미로 흔히 쓰이는 단어입니다. 셀 수 있는 명사뿐 아니라 셀 수 없는 명사에도 상관없이 쓸 수 있습니다.

What are their jobs?

job은 흔히 우리가 알고 있는 '직업' 이라는 뜻보다 '할 일, 직무, 임무' 등의 다른 의미로 더 많이 쓰이는 단어입니다. 위의 문장은 사람들의 직업을 묻는 말도 되지만 좀더 상세한 책무를 묻는 말도 됩니다. 예를 들어 교사를 가리키며 그가 어떤 과목을 가르치느냐고 물을 때 What's his/her job? 하고 물을 수 있다는 말입니다. 하지만 다소 단도직입적인 어감이 있으므로 What does he/she teach? (저분은 무슨 과목을 가르치세요?)라고 묻는 것이 더 무난할 것입니다. 대학교수를 향해 묻는 경우는 What is his/her field? (어떤 분야를 연구하시는데요?) 하고도 물을 수 있겠습니다.

↘ 정관사 the의 사용

쉬워 보이면서도 제대로 쓰기는 정말 어려운 것 중 하나가 관사입니다. 많은 사람들이 대부분 잘못 사용하며 특히 작문을 해 보면 실력이 여실히 드러납니다. 정관사 the만 해도 그 쓰임새가 얼마나 다양한지 모릅니다. 쉬워 보인다고 무시하고 넘어가지 마십시오. 바로 그러한 안일한 생각 때문에 영어에 대한 감각이 떨어지는 것입니다. 하나씩 새로운 용례를 접할 때마다 차근차근 이해하고 연습하여 내 것으로 만들면 실력이 쌓이게 됩니다.

첫번째, 전에 언급한 것을 가리킬 때, 예를 들어 아까 (혹은 일전에) 얘기했던 그 미술선생님이라는 의미로 the를 쓸 수 있습니다.

| ex. : That lady is **the art teacher.** |　　저분이 그 미술선생님이에요.

두번째, 이미 언급한 것이 아니더라도 대화의 맥락상 상대방이 당연히 알 수 있을 때에도 쓰입니다.

| ex. : I'll walk you to **the door.** She's talking on **the phone.** |

유아원, 유치원에서 한 반을 담당하는 지도교사를 head teacher라고 합니다. conversation에서 특정 교실의 교사를 지적하며 She is **the head teacher.** (이분이 이 교실의 지도교사입니다.)라고

했죠? 정관사 the가 '그 교실의'라는 의미를 지니는 동시에 그곳의 지도교사는 그 사람 하나뿐이라는 것을 암시합니다. 예를 들어 학교에서 미술선생님을 가리키며 **He's the art teacher.**라고 하면 그 학교에 미술교사가 그 사람 하나뿐이라는 걸 암시하므로, 미술교사가 두 사람 이상이라면 **He's an art teacher.**라고 해야 하는 거죠. 하지만 미국인도 구어체에서는 정관사, 부정관사의 올바른 용례를 무시하고 이와 같이 a/an을 사용해야 할 때 the를 사용하는 경우가 많습니다.

유의할 발음 air, hair

많은 사람들이 이 단어들을 /에어/ 혹은 /헤어/라고 읽습니다만, 그렇게 우리말 식으로 발음을 하면 미국인들이 못 알아듣는 경우가 많습니다. 처음에는 왜 못 알아듣는지 이해를 못했는데 생각해 보니 영어에는 있지도 않은 /어/ 소리를 뒤에 덧붙여 냈기 때문이었습니다.

이 단어들은 모음과 r만으로 소리를 내야 하기 때문에 입 안의 모양을 정확히 해 주어야 제대로 소리가 납니다. (자음인 h는 발음을 아예 하지 않는 사람들도 있으며 특히 인칭대명사 his 등에 있는 h는 다른 단어 뒤에서 소리가 죽어버리는 경우가 많습니다.) 위와 같이 r로 끝나는 발음은 우리말에는 당연히 없기 때문에 특별히 신경을 쓰며 말하는 습관을 키워야 합니다.

air를 예로 들면 /에/ 하고 입 모양을 한 후 /어/ 하고 소리내려고 입 모양을 바꾸는 대신에, /에/ 하고 벌린 입 모양을 그대로 유지한 상태에서 아주 살짝 혀를 움직임으로써 /r/소리를 내주는 겁니다. /r/을 발음 할때는 입천장에 혀를 붙이지 않아야 한다는 것에 꼭 유의하시고요.

앞에서 강조했듯이 head teacher처럼 발음할 때 혀의 위치가 같은 자음 /d/와 /t/가 연이어 소리가 나는 경우 두 자음을 따로 두 번 발음하는 대신 한 번에 약간 더 강하게 발음합니다.

She is the head teacher for the other class.

발음할 때 우리가 신경 쓰며 혀의 위치를 바꾸어야 하는 부분에 밑줄을 그었습니다. 영어발음에 익숙해지기 전까지는 이처럼 의식적인 노력이 필요합니다. 머리로 기억하는 데는 그리 오랜 시간이 걸리지 않지만 혀와 입이 발음을 기억하여 무의식중에도 정확히 발음하려면 수백, 아니 수천 번의 연습이 수반되야 합니다. 그러나 미리 겁낼 필요는 없습니다. 부딪칠 때마다 하나씩 소화해 내고 연습을 계속하면 언젠가는 자신도 모르게 발음이 향상된 것을 느낄 때가 있을 겁니다.

I. 섹션 4에서 What's his/her job?을 연습했습니다. 이번에는 같은 질문을 복수로 묻고 답하는 연습입니다. 그림을 보면서 먼저 스스로 문장을 만들어 보고 테이프를 따라 하세요. 새로운 문장유형을 접할 때마다 이렇게 연습하면 자신도 모르게 그 문장유형이 외워지고 문장구조도 내 것이 됩니다.

(Hint) firefighters

1. _______________________________

____

(Hint) policeman

2. _______________________________

____

(Hint) computer technicians

3. _______________________________

____

1. What are their jobs? They are firefighters. | 2. What are their jobs? They are policemen. |
3. What are their jobs? They are computer technicians.

 이번에는 사람에게 사용할 수 있는 몇 가지 형용사들을 소개합니다. 그림을 보면서 발음을 연습해 보세요.

Those ladies are so ________________.

thin(skinny*) overweight(fat*) glamorous tall short

close fake** gossipy*** closed-minded

* 괄호 안의 skinny와 fat은 옆 단어와 같은 뜻이지만, 부정적인 어감을 주는 단어들입니다.

** fake에 '가짜'라는 의미가 있다는 것은 알지만 사람에게 사용하면 어떤 의미인지 감이 안 오시죠? 쉽게 와 닿을 예를 들어보죠. 미국에서 생활하면 종종 인종차별을 느낄 때가 있다는 말을 합니다. 그 중엔 아예 드러내놓고 무례한 경우도 있지만, 어떨 때는 겉으로는 매우 친절한 '척'하지만 그것이 진실이 아님을 느낄 수 있는 그런 경우 말입니다. 그럴 때 그런 사람을 향해 She is so fake. 하고 말할 수 있습니다.

*** 남 말하기 좋아하는 사람에게 요사이 흔히 쓰는 단어로 catty가 있습니다. 날카로운 고양이의 발톱이 상처를 내듯 악의 넘치는 가십은 남에게 상처를 주지요.

나이든 / 젊은 | 아름다운 / 예쁜 | 부유한 / 성공한 | 모성애가 강하게 풍기는, 엄마같이 따뜻한 | 유행의 첨단을 걷는 / 친절한 | 게으른 / 스마트한 |
몸이 마른 / 과체중인 / 글래머인 | 키가 큰 / 키가 작은 | 서로 매우 가까운 사이인 / 가식적인 |
남의 얘기를 많이 하는 / 사고가 꽉 막혀서 융통성이 없어 답답한 먼저 A의 숫자들을 순서대로 듣고 따라 하기 바랍니다. 여건이 된다면 입으로만 따라 말하는 것이 아니라 숫자를 받아 적어보면 더욱 효과적일 것입니다. 숫자를 연습할 때도 아무 생각 없이 발음만 연습하지 말고 언제나 그 숫자를 머릿속에 그리면서 연습해야 그 발음과 이미지가 숫자와 함께 기억됩니다.

A. 다음의 숫자를 순서대로 듣고 따라 하세요.

240	305
437	519
670	716
850	912
1,000	

two hundred and forty | three hundred and five | four hundred and thirty seven | five hundred and nineteen | six hundred and seventy | seven hundred and sixteen | eight hundred and fifty | nine hundred and twelve | one thousand

B. 원어민이 말하는 숫자를 듣고 받아쓴 후 아래의 답과 맞추어 보십시오.

1.	2.
3.	4.
5.	6.
7.	8.
9.	

1. 317 | 2. 763 | 3. 860 | 4. 104 | 5. 622 | 6. 255 | 7. 470 | 8. 319 | 9. 390

1. 두 가지 중에서 하나와 나머지 다른 하나를 구분하여 지칭할 때

두 가지 중 나머지 다른 하나를 칭할 때는 the other를 씁니다. 정관사 the는 한정하는 용법이 있습니다. 먼저 언급한 것(the)에 대치되는 다른 것(other)이라는 의미 입니다. [섹션 9]의 [Conversation]에 나온 것(the other class)처럼 형용사로 쓸 수도 있고 아래의 예처럼 대명사로 쓸 수도 있습니다. [섹션 9]에서는 두 개의 반 중 눈앞에 두고 얘기하고 있던 반과 대치되는 나머지 다른 반을 지칭하면서 the other를 사용하였습니다.

두 가지 중 하나를 먼저 지칭할 때는 [섹션 9]의 [Conversation]에서처럼 눈앞에 있거나 그 전에 언급하고 있던 것이 아니라면 one(그 중 하나)을 사용할 수 있습니다. 다음 그림과 예문을 보면서 연습해 보지요.

A : What were the colors of the dresses you bought today?

너 오늘 산 드레스들, 무슨 색깔이니?

B : Well, _one_ is black, and _the other_ is yellow.

응, 하나는 검정색이고 다른 하나는 노란색이야.

2. 세 가지 이상의 대상 중 하나와 나머지(두 가지 이상)를 구분하여 지칭할 때

이때도 그 중 하나는 눈앞에 있거나 그 전에 언급하고 있던 것이 아니라면 마찬가지로 one을 사용할 수 있습니다. 나머지 모두를 칭하려면 A)에서 단수로 쓰인 the other에 's'를 붙여 복수로 만들면 (the others) 나머지 전부를 통틀어서 칭하는 것이 됩니다.

A : I saw your ad in the paper for four puppies. What sex are they?
신문에서 강아지 네 마리 광고내신 것 봤는데요. (그래서 전화하는 건데요) 성별이 어떻게 되나요?
B : *One* is a male. *The others* are females.
한 마리는 수컷이고 나머지는 모두 암컷입니다.

3. 세 가지 이상의 대상을 나열하여 하나씩 지칭할 때

이때 역시 처음 것은 one(그 중 하나, 그 중 하나의), 두번째 것은 another(또 하나, 또 하나의), 세번째
부터는 서수로 the third(세번째의, 세번째 것), the fourth(네번째의, 네번째 것) 등으로 나열할 수 있
습니다. 물론 맥락에 따라 약간씩 변형하여 쓸 수 있겠지요. 다음의 두 예를 봅시다.

1A : What color are the puppies?

강아지들 색깔은요?

1B : _The male_ is all black. _Another_ is black and white. _The third_ is all white, and _the
fourth_ is brown.

수컷은 순검정색이고 다른 하나는 흑백점박이, 세번째 놈은 흰둥이, 네번째는 갈색입니다.

2A : What did you buy today at the mall?

오늘 mall에서 뭘 샀어요?

2B : Well, I got lots of things. _One_ thing I got is a dress shirt. _Another_ is a tie. _The
third_ is a pair of socks. _The last_ thing I got was a suit jacket.

네, 아주 많은 것을 샀어요. 우선 양복셔츠도 샀고, 그리고 넥타이, 또 양발 한 켤레, 그리고 마지막
으로 양복저고리를 하나 샀어요.

앞의 예들은 문어체 등에도 적합한 정식 나열방법이고 미국인들도 구어체 생활영어에서 다음과 같이 틀에 얽매이지 않고 나열하여 말합니다.

One kind is yellow. *One* has butterflies. And <u>one</u> has puppies.* (구어체)

노랑색 단색으로 된것이 있고요. 나비가 그려진 것도 있고 강아지 그림이 있는 것도 있고요.

* 개인수표사용이 일반화되어 있는 미국에서는 은행에 계좌를 트고 자기 이름이 들어간 수표를 신청할 때 몇 가지 디자인이나 바탕 무늬 중에 선택을 하게 됩니다.

자동차 딜러가 차 종류를 나열하는 경우를 예로 들어 봅니다.

We have lots of different types of cars.

저희는 각종 다양한 차를 갖고 있습니다.

One type is a mini van. *Another* is a SUV. *Another* is a two-door car. And *another* is an eight-passenger van. (구어체)

미니밴도 있고 스포츠유틸리티도 있고 투도어도 있고 8인승 밴도 있고요.

4. 특정 다수의 대상을 몇 개의 그룹으로 나누어 칭할 때

1) *특정 다수를 두 그룹으로 나누어 말할 때*

먼저 특정 다수를 두 그룹으로 나누어서 말하는 경우를 몇 가지 보겠습니다. 예를 들어 우리 반에는 여자애들이 7명이고 나머지는 다 남자애다 하는 식으로 말하는 경우가 있을 수 있죠. 다음과 같이 처음에 언급하는 그룹은 얼마든지 다양한 방법으로 묘사할 수 있습니다. 명확하게 숫자로 말할 수도 있지만 대충 얼버무려 some과 the others를 사용하여 말할 수도 있고요.

여기에서 $\frac{1}{2}$, $\frac{1}{3}$ 등 분수가 잠깐 나오는데, 제2권에서 [Number Drill]을 통해 더욱 상세히 다루도록 하겠습니다. 분수를 읽을 때는 먼저 분자를 기수로 읽고 난 다음 분모를 서수로 읽어야 하며, 분자가 2 이상일 때는 분모가 복수가 되어야 한다는 점에 유의하시기 바랍니다. 서수를 읽는 방식은 [섹션 22]의 [Number Drill]에서 본격적으로 소개하겠습니다.

The bikini swimming suits are here. _The others_, for competitive swimming, are on the far side of this section.

비키니 수영복은 여기에 있고요. 경기용(원피스) 수영복은 이 칸 저 끝쪽에 가까이 있어요.

(The) Three apples are good, but _the others_ are rotten.

(이) 사과 세 개는 괜찮은데 나머지는 썩었어요.

These apples are good, but _the others_ are bad.

이 사과들은 괜찮은데 나머지는 곯았어요.

A third of the apples are good, but (_all_) _the rest_ are rotten.

사과가 삼분지 일은 멀쩡한데 나머지는 (다) 썩었어요.

2) 막연한 다수의 대상을 몇 개의 그룹으로 나누어서 말할 때

마지막으로 막연한 다수의 대상을 몇 개의 그룹으로 나누어 말할 때를 알아보겠습니다. 예를 들어 남자아이들이 보통 무슨 놀이를 좋아하느냐는 질문에 대답한다고 가정해 보면, 이때 어떤 남자아이들은 이걸 좋아하고 나머지 아이들은 저걸 좋아한다고 완전히 이분법적으로 잘라 말할 수는 없겠지요? 아이들의 성향에 따라 천차만별일 테니까요. 다음의 그림이 보여 주듯이 막연한 다수의 그룹 중에서 몇 가지 그룹을 언급하는 경우입니다.

문어체에서 먼저 한 그룹을 칭할 때는 **some**(어떤 이들, 어떤)을, 다른 한 그룹을 칭할 때는 **others**(또 다른 어떤 이들)를, 그리고 계속 그렇게 others로 나열하다가 마지막으로 한 그룹을 칭할 때는 일반적으로 **while others**(한편 어떤 이들은)로 합니다. still others도 쓰이지만 while others가 훨씬 자연스럽고 흔하게 쓰입니다. 나머지 전체를 지정하여 언급하는 것이 아니라 그 중 일부인 불특정 다수를 언급하므로 한정하는 the를 빼고 others만 사용하는 겁니다.

하지만 구어체에서는 위와 같은 틀을 반드시 따르지는 않습니다. 그럼 문어체와 구어체의 예를 한 가지씩 보기로 하죠.

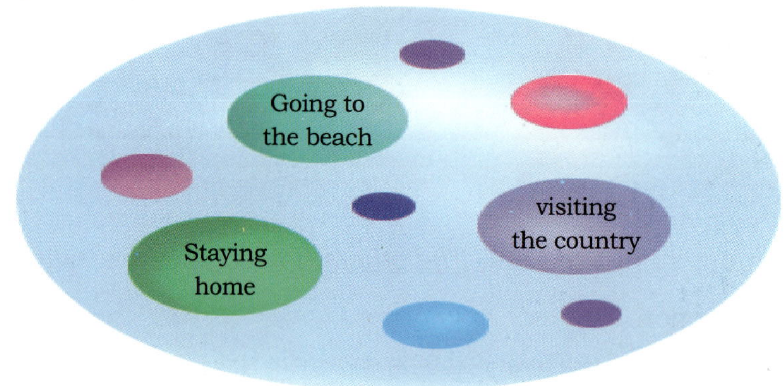

During summer vacation some families like to go to the beach. _Others_ (= Other families) may prefer to visit the country, _while others_ enjoy the simple pleasures of home. (문어체)

(가족들 중엔) 여름방학에 해변가로 가고 싶어하는 가족도 있고 교외로 나가는 것을 더 좋아하는 가족도 있습니다. 한편 그냥 집에 있기를 더 좋아하는 가족도 있지요.

Some people like to watch college sports. _Others_ prefer to watch professional sports. _Still others_ don't like to watch sports at all. (문어체)

어떤 이들은 대학스포츠 보는 것을 즐기고 어떤 이들은 프로스포츠를 더 좋아하기도 합니다. 그런 반면에 스포츠 보는 것을 전혀 좋아하지 않는 사람들도 있습니다.

Some people like jogging. _Some_ play soccer, but _most_ people I know play Frisbee. (구어체)

조깅을 좋아하는 사람도 있고 축구를 하는 이들도 있어요. 하지만 내가 아는 사람들은 대부분 프리스비 놀이를 해요.

152

Give me that big spoon, please.

그 큰 스푼 좀 건네줄래요?

Conversation

다음 conversation의 내용을 먼저 듣고 따라 한 후, 본문을 보시기 바랍니다.

(A couple cooking dinner together)

함께 저녁식사를 만들고 있는 부부

Woman : Give me that big spoon, please.

그 큰 스푼 좀 건네줄래요?

Man : Which spoon? This one?

어느 스푼? 이거요?

Woman : No, not that one. The brown one.

아니, 그거말고. 그 갈색 말예요.

Man : **This one?**

이거요?

Woman : **Yes, that′s it.**

네, 바로 그거요.

Man : **Here you are.**

여기 있어요.

Woman : **Thanks, Hon.**

고마와요, 여보.

Give me that big spoon, please.

영어의 단순명령문은 다음과 같이 주어를 생략하고 동사의 원형부정사꼴로 시작하는 것이 일반적입니다.

| ex. : Come here. |

하지만 여러 사람을 향해서나 그 중 한 명이나 몇 명에게 명령문을 쓸 때에는 주어를 문장의 앞이나 뒤에서 말할 수 있습니다.

| ex. : You guys do the dishes, and I′ll take the trash out. |

| Come on, everybody! |

명령문은 말하는 톤이나 액센트가 중요합니다. 명령문에 you를 주어로 사용하는 경우에는 말하는 톤에 따라 강조나 분노 등의 감정을 나타낼 수 있습니다. 반면, 명령문에 please를 붙이면 공손한 표현이 되며 Will you~, Could you~, Would you~, Do you think you could~ 등으로 시작하는 청유문에도 please를 붙이면 더욱 정중한 표현이 됩니다.

cf. please는 '~를 기쁘게 하다' 라는 뜻의 동사로도 쓰입니다.

| ex. : I was really pleased.   정말 기뻤어요. |

Which spoon?

의문형용사나 의문대명사로 쓰일 때의 which와 what에 대해 알아보도록 하겠습니다.

앞에서 나온 [섹션 4]의 What's his job?과 [섹션 7]의 What color is your new dress?에서 볼 수 있듯이 **what**은 불특정한 것들 중에서 선택하는 경우에 사용하며, 본문에서와 같이 몇 가지 특정 대상을 두고 그 중 어느 것을 고르도록 하는 경우에는 **which**를 사용합니다. 예를 들어, 아이에게 선물 사주러 쇼핑을 나가면 보통 **What would you like?** (뭐가 갖고 싶니?)라고 묻지요. 하지만 주머니 사정이 여의치 않아 예산이 한정되었다면 몇 가지로 선택을 한정해서 **Which of these things would you like?** (이 중에 어떤 것이 마음에 드니?) 하고 묻습니다.

하지만 선택의 가짓수가 한정되었다고 해도 그 가짓수가 많은 경우에는 what을 사용합니다. 예를 들어 레스토랑에 가면 종업원이 **What would you like?** (뭘 드시겠어요?) 하고 묻지 않습니까? 정해진 메뉴 중에 고르지만 what을 사용하죠. 이와 같이 선택할 대상의 수가 적은 경우는 which 를, 선택할 대상의 수가 많은 경우는 what을 사용하면 됩니다. 예를 들어, 메뉴 중에서도 애피타이저 다섯 가지 중에서 어떤 것을 주문하겠는지 물어볼 때는 **Which** appetizer would you like?라 고 하면 되는 것입니다.

Here you are.

이와 같은 표현으로 **Here you go. Here it is.** 등이 있으며 친구끼리 격 없이 말하는 경우에는 **There.** (자!) **Here.** (여기!)이라고도 합니다.

Thanks, Hon.

Hon은 **Honey**의 약칭입니다. 비슷한 다른 표현으로는 **Sweetie, Sugar, Honey, Baby, Love, Dear** (ex. : Here you go, Dear. Here you go, Love.) 등이 있습니다. 미국인들은 서로 를 이런 애칭으로 많이 부릅니다. 꼭 부부끼리만이 아니라 엄마 아빠나 할머니, 할아버지가 아이들을 이렇게 부르기도 하고 또 서로에게도 이런 애칭을 사용합니다. 가족뿐 아니라 친한 사람을 부를 때도 사용하는 애칭이고요. 처음 보는 손님을 향해 Sweetie, Honey라고 부르는 사람도 많습니다. 우리나라의 옷가게 등에 가면 나이와 상관없이 여성손님에게 무조건 '언니' 라고 부르듯이 말입니다. 속으로는 I'm not your honey! 하는 생각이 들지만 그 사람이 그렇게 부르겠다는데 뭐라고 할 수는 없는 거죠.

↘ it과 one의 비교

1. [Conversation]의 That's it.에서 it은 앞에서 언급한 특정한 사물을 칭하는 대명사(그 사물이 단수인 경우) 입니다. 즉 그것(that)이 내가 건네달라고 부탁한 바로 그 스푼(it = the big spoon)이라는 말이지요.

   참고로 That's it.은 쓰이는 상황에 따라 몇 가지 다른 뜻을 가집니다. 본문에서 쓰인 뜻 이외에
   - **I've had it!**　이제 더 이상 못 참아!
   - **That's it!** Now I remember her name is Sarah.

     맞아! 이제야 기억이 나는데 걔 이름이 세라야.
   - **That's it! I've got it.** The answer is 100.　이거다! 나 답 알았어! 답은 100이야.

   등의 예와 같이 잊어버렸던 것이 기억났거나 안 풀리던 문제의 답을 풀었거나 할 때도 쓰는 말입니다.

2. one의 쓰임새는 아주 다양합니다. 본문에서 one은—this와 같은 지시형용사나 brown 같은 성질형용사 뒤에서—앞에서 언급한 명사(a spoon)를 대신하여 쓰이고 있습니다. it과는 달리 '앞에서 언급했던 어떤 특정한 물건을 지적하여 가리키는 단어' 가 아니라는 거죠.

   이와 같은 용례에서는 단수인 명사를 대신할 때는 one을, 복수인 명사를 대신할 때는 ones를 씁니다. 복수로 쓰이는 예를 한번 볼까요?

   | ex. : Do you have any children?　자녀가 있으신가요? |

   | ex. : Yes, I have two little ones.　네, 어린아이가 둘 있습니다. |

3. 본문에서와 달리 one이 다른 형용사의 수식을 받지 않고 단독으로 쓰이는 예를 한 가지 더 소개하겠습니다. 앞에서 언급한 명사(a + 보통명사)를 대신하여 단독으로 쓰이는 경우입니다.

   | ex. : Do you need a pencil?　너 연필 필요하니? |

– No, thank you. I have **one** right here.   고맙지만 괜찮아, 나도 바로 여기 하나 있거든.

– Oh, I do have **one** of my own.   아, 나도 하나 있어.

– Oh, I found **one** in my backpack.   아, 내 가방에 하나 있더라구.

위의 2번과 마찬가지로 어느 특정한 연필을 지칭하는 말이 아니라 연필이라는 명사를 반복하지 않기 위해 쓰는 표현이지만 2번과의 차이점은 다른 형용사의 수식을 받지 않는다는 것과 복수일 경우에 형태가 틀리다는 것입니다.

이 경우에는 복수일 경우에는 some을 쓴다는 것이 위의 용례와의 차이점입니다.

| ex. : Do you have staples?   너 스테이플 (호치키스 심) 있니? |

| ex. : I have some in my office.   내 사무실에 좀 있는데. |

I. 어감을 생각해 볼 때 Give me~ 보다는 Hand me~ 가 좀더 부드럽고 덜 명령조로 들립니다. 이 두 동사를 이용하여 본문에서 사용된 구문을 연습해 보도록 하죠. 먼저 예문을 듣고 따라 해 보십시오. 1번부터 그림과 힌트를 이용해 문장을 소리내어 말해 본 후, 테이프를 듣고 다시 한번 따라 하십시오.

ex.) Give me the magazine, please.

(Hint) him, plate

1. ___________________________________

(Hint) her, newspaper

2. ___________________________________

(Hint) us, radio

3. ______________________________

(Hint) me, form

4. ______________________________

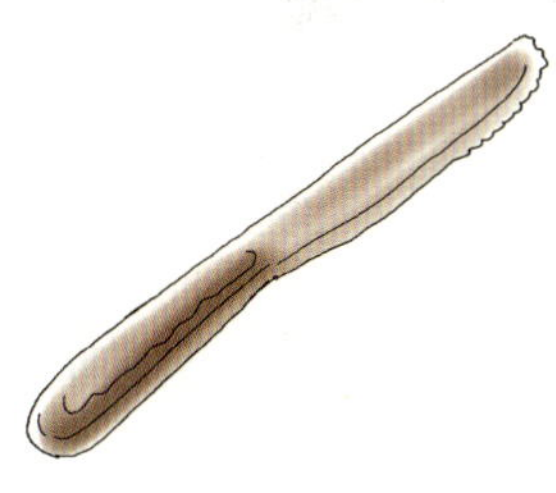

ex.) Hand me the knife, please.

(Hint) him, cup

1. _________________________________

(Hint) her, dress

2. _________________________________

(Hint) us, bottle

3. _________________________________

ex.) Give Sherry the car keys.   Give the car keys *to Sherry*.

1. Mail Grandpa the letter.   Mail the letter __________.

2. Send Joe the box in time for   Send the box __________ in time for
   Christmas.   Christmas.

3. Send Mary the card.   Send the card __________.

4. Pass Dad the salt.   Pass the salt __________.

5. Hand Joe the book.   Hand the book __________.

6. Show me that picture.   Show that picture __________.

7. Give Grandma those cookies.   Give those cookies __________.

8. Give Mommy the phone, please!   Give the phone __________, please!

1. to Grandpa | 2. to Joe | 3. to Mary | 4. to Dad | 5. to Joe | 6. to me | 7. to Grandma | 8. to Mommy

Could you hand me those magazines?

그 잡지들 좀 나한테 건네줄래?

다음 conversation의 내용을 먼저 듣고 따라 한 후, 본문을 보시기 바랍니다.

(Two roommates at their apartment)

아파트에 사는 두 명의 룸메이트

Amy : Nancy, (could you) hand me those magazines?

Nancy야, 저 잡지들 좀 나한테 건네줄래?

Nancy : Which magazines? These magazines?

어느 잡지 말야? 이 잡지들?

Amy : No, not those. They are Marie Claire. They're on the shelf.

아니, 그것말고. Marie Claire 말야. 그 선반 위에 있는 거.

Nancy : These?

이것들 말야?

Amy : Yes, please.

응, 좀 부탁해.

Nancy : Here you go.

자, 여기 있다.

Amy : Thanks, Nancy.

고마워, 낸시.

Nancy : No problem. (= You're welcome.)

천만에.

They are Marie Claire.

흔히 3인칭 복수인 **they**를 he, she의 복수형으로만 (즉 사람을 칭하는 대명사로만) 생각하기 쉬운데 it의 복수형, 즉 사물에 대해서도 사용한다는 것을 잊지 말기 바랍니다. 본문에서 쓰인 they는 '그 잡지들' 을 의미하지요.

They're on the shelf.

on은 ~의 표면 위에 접촉되어 있음을 의미하는 전치사입니다. 우리가 흔히 생각하듯 무엇의 아래와 반대되는 개념으로 위에 있다는 뜻이 아니라, 떨어져 있는 것(off)과 대비되는 개념임을 눈여겨보기 바랍니다. 그렇기 때문에 본문에서와 같이 선반 위를 표현할 때 뿐 아니라 벽에 걸려 있는 것을 표현할 때도(on the wall), 천장에 붙어 있는 것을 표현할 때도(on the ceiling) 쓸 수 있는 것입니다.

 ## these/those의 사용

[섹션 10]에서 this/that을 사용한 것과 대조하여 본문에서는 그것들의 복수인 these/those의 사용을 보여 주고 있습니다. this/that과 마찬가지로 these는 가까운 곳에 있는 사물이나 사람들을, those는 떨어진 곳에 있는 사물이나 사람들을 가리킬 때 사용합니다.

발음에 대하여 | ## Shelf의 'f' 발음

알파벳의 'v'와 'f'는 발음할 때 입술의 모양은 같지만 소리는 다릅니다. 위쪽 앞니를 아랫입술에 갖다대었다가 떼면서 내는 소리인 것은 맞지만, /v/는 목에서 소리를 내는 발음이고 /f/는 목에서 소리를 내지 않는 발음입니다. 목에서 소리를 안 낸다는 말은 /v/의 소리를 내면서 목을 만져보면 목이 울리지만 /f/를 발음할 때는 목이 떨리지 않아야 한다는 것입니다. 한번 face와 vase를 발음해 보십시오.

차이를 아시겠죠? 따라서 shelf처럼 끝이 f로 끝나는 단어의 발음은 끝처리가 아주 중요합니다. 그 발음에 연이어서 우리말의 특징인 /이/나 /으/ 등의 질질 끄는 소리를 내지 말아야 합니다.

이번에는 [섹션 10]에서 연습한 문장들을 복수로 연습해 보겠습니다. 먼저 예문을 듣고 따라 해 보십시오. 그리고 1번부터 그림과 힌트를 이용하여 문장을 소리내어 말해 본 후에 테이프를 듣고 다시 한번 따라 하십시오.

ex.) Give me those magazines, please.

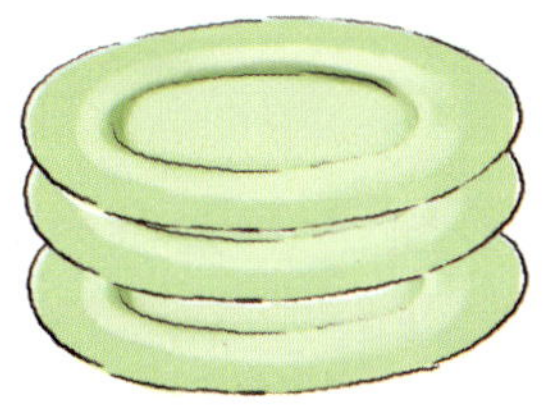

(Hint) him, plates

1. ______________________________

(Hint) her, newspapers

2. ______________________________

(Hint) us, keys

3. ______________________________

(Hint) me, forms

4. ______________________________

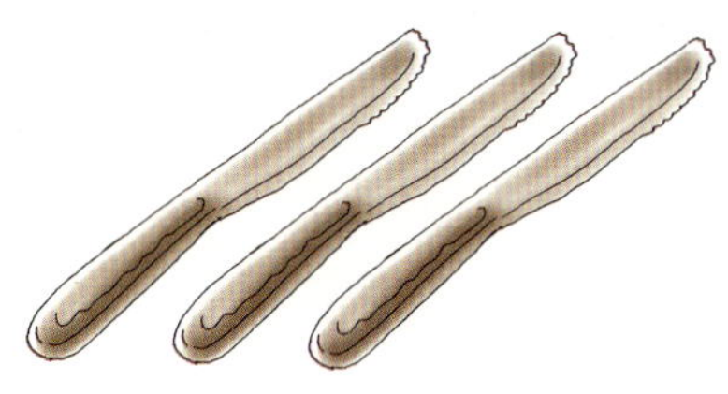

ex.) Hand me those knives, please.

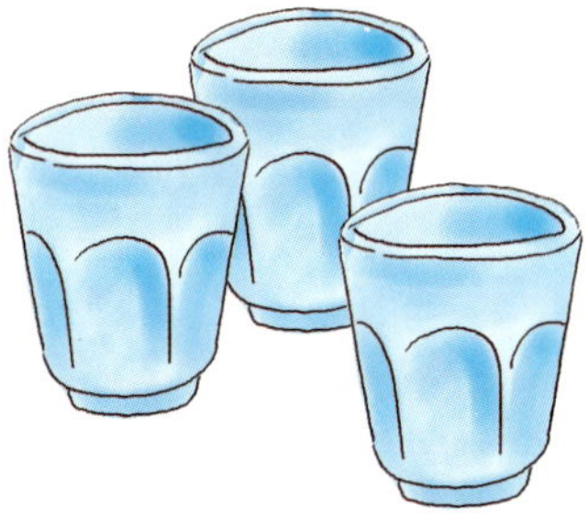

(Hint) him, cups

1. ______________________________

(Hint) us, bottles

2. ______________________________

(Hint) her, dresses

3. ______________________________

1. Hand him these cups, please. | 2. Hand us those bottles, please. | 3. Hand her these dresses, please.

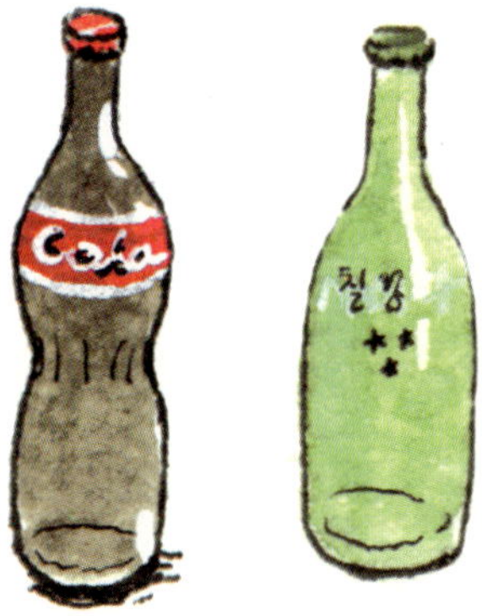

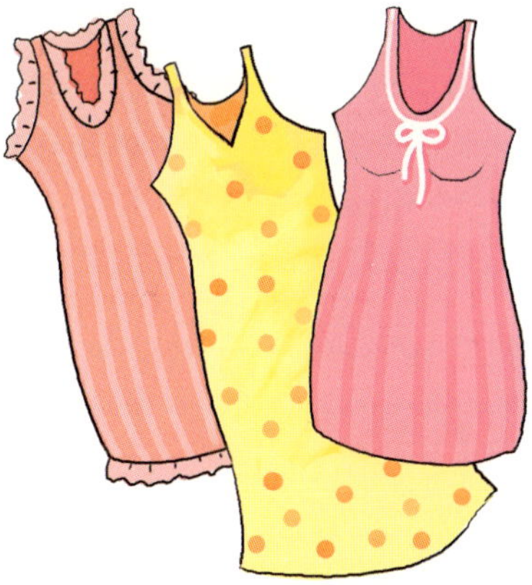

Number Drill

먼저 A의 숫자들을 순서대로 듣고 따라 하기 바랍니다. 여건이 된다면 입으로만 따라 말하는 것이 아니라 숫자를 받아 적어보면 더욱 효과적일 것입니다. 숫자를 연습할 때도 아무 생각 없이 발음만 연습하지 말고 **언제나 그 숫자를 머릿속에 그리면서 연습해야** 그 발음과 이미지가 숫자와 함께 기억이 됩니다.

A. 다음의 숫자들을 순서대로 듣고 따라 하세요.

1,700	1,880
1,990	1,550
2,456	2,360
2,050	2,002
2,600	

B. 원어민이 말하는 숫자를 듣고 받아쓴 후 아래의 답과 맞추어 보십시오.

1.

2.

3.

4.

5.

6.

7.

8.

9.

| ex. : $1,580.00 ⟶ fifteen eighty dollars / $1,760.00 ⟶ seventeen sixty dollars |

본서의 Number Drill에 소개한 숫자 읽기는 공식적인 방법입니다. 일반적으로 사람들이 돈을 계산하거나 할 때에는 아래와 같이 4자리 숫자의 경우에는 마치 연도(year)를 읽듯이 두 자리씩 끊어서 말하는 경우가 빈번합니다.

* 숫자에는 세 자리 단위마다 콤마(,)를 표시합니다. 이 세 자리 단위는 우리말로 읽을 때와는 거의 상관없는 나눔이지만 영어로 읽을 때는 콤마 표시를 한 곳에서 읽는 단위가 정확하게 끊어집니다. 뒤에서부터 첫번째 콤마는 thousand 단위이고 두번째 콤마는 million 단위입니다. 세 자리 안의 숫자들은 보통 세 자리 수를 읽듯이 읽으면 됩니다. 숫자를 읽을 때에도 물건을 나열할 때와 마찬가지로 제일 마지막 숫자 앞에만 and를 첨가해야 합니다.

1. 2,317 * | 2. 1,763 | 3. 1,860 | 4. 1,104 | 5. 2,622 | 6. 2,255 | 7. 1,470 | 8. 1,319 | 9. 2,390

I am reading about insects.

난 곤충에 대해 읽고 있어.

다음 conversation의 내용을 먼저 듣고 따라 한 후, 본문을 보시기 바랍니다.

(Three roommates : Nancy, Jae, and Amy.)

세 명의 룸메이트 : Nancy, Jae, 그리고 Amy.

Nancy : Hi, Jae. Where is Amy?

안녕, 재. Amy는 어디 있니?

Jae : She's in her room.

방 안에 있어.

Nancy : What is she doing?

뭐하고 있는데?

Jae : She's reading a novel for class. It's a mystery novel.

수업시간에 읽으라고 했던 소설을 읽고 있어. 추리소설.

Nancy : Are you studying, too?

너도 공부하고 있니?

Jae : Yes, I am reading about insects.

응, 난 곤충에 대해 읽고 있어.

Nancy : Excuse me? (= What?)

뭐라고?

Jae : I am reading about bugs for my Entomology class!
Nancy, what are you doing?

곤충학 수업준비를 하느라고 벌레에 대한 걸 읽고 있다고. Nancy, (근데) 넌 뭐하냐?

Nancy : I am making some lunch. I am hungry!

난 점심 좀 만들고 있어. 배가 고파서!

Excuse me?

'실례합니다' 라는 뜻도 있지만 상대방이 한 말을 잘못 알아들었을 때나, 다시 확인할 때도 쓸 수 있
는 말입니다.

I am reading about bugs for my Entomology class!

read는 본문에서 보여 주듯이 뒤에 목적어를 가져올 수도 있고 (~를 읽다), 또 완전자동사로서 (읽
다) 보어나 목적어 없이 쓸 수도 있습니다. 본서의 첫 장에서 설명한 것처럼 영어는 동사가 문장의 구

조를 결정하며, 한 동사로 여러 가지 다른 문장구조가 가능한 경우가 많습니다.

우리나라 사람들은 독서가 취미라고 말할 때 한문어원을 그대로 번역하여 I like reading books. 라고 하는 사람이 많습니다. 그러나 미국인들은 주로 **I enjoy(= like) reading.**이라고 합니다. I like reading books. 하고 뒤에 books를 덧붙이면 읽는 종류를 책으로 한정해 버리지만 I like reading.이라고 하면 논문이든, 잡지든, 인터넷으로든, 글로 쓰여진 것이라면 무엇이든 읽는 것을 좋아한다는 의미가 되므로 좀더 포괄적인 표현이 됩니다.

평서문에서 의문사 Where로 시작하는 의문문으로의 문장구조 변환 연습

① 먼저 평서문의 형태로 문장을 봅니다. → **She is <u>in her room</u>.**

② 밑줄 친 부분을 몰라서 질문하는 것이니 그 부분을 의문사로 바꿉니다. 장소를 나타내는 의문부사인 where가 필요하겠지요. → **[She is <u>where</u>?]** *

③ 의문문에서는 의문사가 제일 처음에 와야 하므로 자리를 옮깁시다. → **[<u>Where</u> she is?]** *

④ 다음은 기능동사가 주어 앞으로 와야 하죠? → **Where is she**

* 평서문에서 의문문으로 변환하는 도중의 문장은([ ] 안의 문장) 과정을 설명하기 위하여 보여 준 것이지 완성된 문장이 아니므로, 올바른 표현이 아닙니다.

TIP | listen과 hear의 차이

영어가 잘 안 들린다고 하면서 hear를 사용하는 경우를 많이 봅니다. listen과 hear의 뜻을 혼동하기 때문이죠. listen은 '경청해서 듣다'는 뜻인 반면에 hear는 대부분의 경우에 주의를 기울이지 않아도 그냥 귀가 열려 있기 때문에 들리는 무의식적인 행위를 표현합니다. 보청기를 hearing aid라고 하죠? hear가 안 된다고 하면 청각에 장애가 있다는 뜻이 되므로 주의하여 쓰시기 바랍니다.

I. 다음은 문장의 본동사를 현재분사로 바꾸는 연습입니다. 주어진 동사를 보기와 같이 현재분사 꼴로 바꾸어서 빈칸에 적어보십시오. 테이프를 따라 소리내어 연습한 후 답을 확인하시기 바랍니다. (다음 동사들은 동사에서 끝모음 e를 떼어낸 후 '~ing' 를 붙여서 현재분사 꼴로 만들어야하는 단어들입니다.)

ex.) write   He is writing a paper.

1. Type   She is __________ a letter.

2. Make   She is __________ the bed.

3. Come   He is __________.

4. Shine   The sun is __________.

5. Give   He is __________ me some magazines.

1. typing | 2. making | 3. coming | 4. shining | 5. giving

II. 아래에 진행시제가 실생활에서 쓰이는 예를 몇 개의 기본동사를 가지고 소개하였습니다. 대부분의 예문들이 이 섹션의 수준에서 크게 벗어나지 않는 간단한 표현이지만 '이런 말을 영어로는 이렇게 표현하는구나' 하고 새롭게 알게 되는 문장들이 많을 것으로 생각됩니다.

여기에는 별도로 그림을 제공하지 않았으므로 여러분 스스로 상상력을 발휘해야 합니다. 제가 영어공부방법론에서 강조했던 것처럼 말하는 상황을 머릿속에 또렷하게 그리면서 문장을 반복하여 따라십시오. 의미를 모르더라도 일단 듣고 따라하는 연습을 하고 난 다음, 우리말 번역을 참고하여 뜻을 파악하기 바랍니다. 이 섹션의 수준보다 어려운 수준의 예문에는 * 표시를 했습니다. 아직 그 구문들을 완전히 이해하지 못하는 초급 독자들은 그 문장들은 건너뛰었다가 그 구문을 이해할 수 있는 수준이 되었을 때 다시 연습하기 바랍니다. 현재진행시제는 현재 진행되고 있음을 의미하기도 하지만 미래를 의미하는 경우도 있고 또 두 가지 다 가능한 경우가 많으므로, 듣고 따라한 후에 번역을 참조하기 바랍니다.

한 문장씩 테이프를 듣고 따라하십시오.

He's listening on the other phone line.

그 사람이 다른 전화로 (우리가 말하는 것을) 엿듣고 있단 말야.

They're listening to music.* 　그이들 지금 음악 감상하고 있어요.

　* 그냥 '음악을 감상하다'는 listen to music으로 표현합니다. 이때 music 앞에 the를 붙이지 말아야 하지요. 만일 listen to the music이라고 하면 어떤 특정한 음악을 가리키며 '그 음악을 듣다'는 말이 되기 때문입니다.

I am listening to what you're telling me.*

나 지금 네가 하는 말을 귀 기울여서 듣고 있어. (격렬하게 논쟁하거나 하는 경우)

They're at the bar drinking.* 　그 사람들은 (지금) 술집에서 술 마시고 있어.

They're drinking juice. 　그 아이들은 주스를 마시고 있어.

She's reading for history class. 　그녀는 역사수업 책을 읽고 있어.

They're reading the paper together. 　그이들은 함께 신문을 보고 있어.

I'm reading the comics.* 　나는 (신문) 만화란을 보고 있어.

　* the comics라고 하면 신문이나(the funny section in the Sunday paper) 잡지의 만화란을 일컫는 거죠. '만화책을 읽고 있다'라고 하려면 I'm reading a comic book.이라고 해야 합니다.

:: She's running in a marathon.

그녀는 지금 마라톤 뛰고 있어요. (진행)

그녀는 마라톤에 참가할 거예요. (미래로 말하는 경우)

:: He's singing in the choir.

그이는 합창단에서 노래하고 있어요. (진행)

그이는 합창단에서 노래할 거예요. (미래)

:: They're singing a duet together in church.

그이들 지금 교회에서 듀엣으로 찬송하고 있어요. (진행)

그이들 교회서 듀엣으로 찬송해요. (미래)

:: I'm singing a solo for the school musical.

나는 저 학교 뮤지컬에서 솔로로 노래해요. (미래)

:: I'm taking ballet.   나는 발레 배우고 있어요.

:: He's sleeping on the couch.   그이는 소파에서 자고 있어요.

:: I'm sleeping. Leave me alone.

나 자게 가만 좀 내버려둬. (자고 있는데 누가 깨울 때 신경질이 나서)

:: She's swimming in the pool right now.   그녀는 지금 수영장에서 수영하고 있어요.

:: She's swimming after class.   그녀는 수업 끝나면 수영하러 갈 거예요. (미래)

:: I am swimming in the race.   나 수영경기에 나가요. (미래)

:: He's driving me home.

그이가 차로 나를 집에 데려다 주고 있어요. (진행)

그이가 차로 저를 집에 바래다 줄 거예요. (미래)

:: They're driving all the way to Arizona.

그이들 지금 Arizona까지 줄곧 운전해서 가고 있어. (진행)

그이들 여기서 Arizona까지 줄곧 운전해서 갈 거야. (미래)

영어에서 시제 얘기가 나오면 '아휴… 또 골치 아픈 거 나오네' 하고 생각하는 사람들이 많습니다. 알고 보면 그다지 어렵거나 복잡하지 않은데도 어렵다거나 골치 아프다고 생각하는 건 아마도 우리 말과는 판이하게 다른 시제사용에 익숙하지 않기 때문일 것입니다. 영어를 꽤 잘하는 사람들 중에도 시제 사용을 잘못하는 사람들을 많이 보았습니다. 본서에서는 문법책처럼 모든 시제를 한곳에 모아 시제별로 설명하는 대신, 각 섹션에서 새로운 시제가 나올 때마다 이해가 쉽도록 차근차근 설명해 드리겠습니다.

우리는 시간의 흐름을 우리가 지금 숨쉬고 있는 현재와 지난 과거 그리고 앞으로 다가오는 미래로 나누어 생각합니다. 여기서 말하는 과거란 현재를 기준으로 10분 전도, 10년 전도 모두 같은 과거입니다. 영어시제를 어려워하는 사람들을 보면 영어의 시제와 시간의 흐름이 일치하는 것으로 잘못 생각하는 사람들이 많습니다. 바로 그러한 근본적인 부분에서부터 착각을 하니까 더욱 혼동되는 것입니다.

영어시제는 시간의 흐름과는 조금 다릅니다. **영어문법에서의 현재시제와 시간의 흐름에서의 현재를 같은 것으로 착각하지 말아야** 합니다. 마찬가지로 무조건 '과거시제 = 과거', '미래시제 = 미래'라고 생각하는 것도 큰 오해입니다. 일단 이러한 잘못된 공식들을 머릿속에서 제거하고 나면 어려워 보이던 가정법시제까지도 간단하게 받아들여질 수 있습니다.

먼저 시제의 종류를 나열해 보고 현재시제를 예로 들어 '현재시제 = 현재'라고 생각하는 것이 왜 잘못되었는지를 설명해 드리겠습니다. 영어시제로는 어떤 동작이나 상태의 현재·과거·미래를 나타낼 수도 있고, 또 그 동작이나 상태가 현재나 과거·미래 어느 때에 마무리가 되는지, 그리고 현재·과거·미래 중 어느 때에 진행중인지 여부도 나타낼 수 있습니다.

영어시제는 크게 **단순시제, 완료시제, 그리고 진행시제** 이렇게 세 가지로 나뉩니다.

단순시제에는 단순현재·단순과거·단순미래시제가, 완료시제에는 현재완료·과거완료·미래완료시제가 있으며, 이 6개의 시제에 진행형을 더하는 것이 가능하므로 현재진행·과거진행·미래진행·현재완료진행·과거완료진행·미래완료진행 이렇게 두 배가 되어 12개의 시제가 되는 것입니다. 이 12시제가 모두 일상생활에서 자주 쓰이는 것은 물론 아닙니다. (본서 1권에서는 단순시제와 그 진행시제까지만을 다루고, 2권에서 나머지 시제를 다루도록 하겠습니다.)

1. 단순현재시제

1A) I teach English at Purdue.　　나는 Purdue대학교에서 영어를 가르칩니다.

1B) I am an English teacher.　　나는 영어선생님입니다.

1A의 teach는 단순현재시제입니다. 하지만 이 동사는 나의 **현재의 활동뿐 아니라 막연한 과거와 미래의 기간까지도 포함**해 나타내고 있습니다. 즉 나는 짧게는 지난달에도 영어를 가르쳤고 미래에도 영어를 가르칠 것이라는 것을 알 수 있습니다. 자, 왜 무조건 꼭 '현재시제 = 현재' 라고 할 수 없는지 이해하시겠지요?

1B는 위와 같은 단순현재시제이지만 현재의 활동이 아닌 **현재의 상태**를 나타내고 있다는 것이 차이입니다. 마찬가지로 막연한 과거와 미래의 기간까지도 포함합니다.

앞의 '동사의 기능' 편에서도 언급했습니다만, be동사가 변하지 않는 지속적인 상태를 나타내는 경우에는 진행시제를 쓰지 않는 것이 원칙이지만 어떤 시간의 한도 내에서의 상태를 표현할 때에는 진행시제를 쓸 수 있습니다.

또, 상태를 나타내는 말이라도 진행형을 쓰는 것이 가능한 경우가 있지요. be동사가 금방 변화하는 상태를 나타낼 경우입니다. 다음의 표현들을 보십시오.

| ex. : She is funny. I am patient. |

이 표현들은 일반적인 성향/성격을 나타내고 있습니다. 그녀는 재미있는 사람이고 나는 인내심이 많은 사람입니다. 그런데 '원래의 나는 인내력이 있는 편이 아닌데 지금 좀 인내심을 발휘하고 있는 중이다, 잘 참고 있다' 는 의미로 말을 할 때는 I'm being patient.라고 해야 합니다. 마찬가지로 그녀가 원래 웃기는 사람이 아닐 수도 있는데 지금 우리들을 좀 재미있게 하고 있다면 She's being funny.라고 할 수 있는 겁니다. 또 그 사람이 지금 아주 도움이 되고 있다고 할 때도 He's being very helpful. 하고 말할 수 있습니다.

지금 현재 일어나고 있는 일, 즉 말을 하거나 글을 쓰고 있는 지금 현재 일어나고 있지만 곧 중단될 일을 표현할 때는 대개의 경우 본문에서 소개되어 있는 것처럼 현재진행형을 사용하는 것이 적합합니다.

하지만 지금 눈앞에서 벌어지고 있는 일이라 할지라도 그것을 묘사할 때는 단순현재시제를 쓰기도 합니다. 축구중계 등에서 빠르게 변하는 동작들을 묘사할 때 현재시제를 사용하는 것을 볼 수 있죠. 어떤 현상이나 행동을 단계별로 묘사할 때도 현재진행 대신 단순현재시제로 묘사하거나 설명하는 경우가 많습니다. (자주는 쓸 일이 없겠지만 행동이나 상태를 묘사할 줄도 알아야 하므로 [섹션 15]에 상태를 묘사하는 문장을 소개하였습니다.)

1A, 1B의 예에서처럼 막연한 과거부터 현재 그리고 막연한 미래까지를 포함할 때에도 단순현재시제를 쓰지만 아득한 과거부터 영원한 미래까지 해당되는 사실을 표현할 때도 단순현재시제를 씁니다. 흔히 우리가 **진리**라고 부르는 것이지요. 전형적인 예를 들어보죠.

2) Whales are animals.　　고래는 동물이다.

　　The sun sets in the west.　　해는 서쪽에서 진다.

또한 확실히 정해진 미래의 이벤트 등을 얘기할 때도 미래시제 대신 현재시제를 쓰는 경우가 많습니다. 아래 문장의 leave는 현재시제이지만 미래를 나타내고 있지요?

3) My plane leaves at 4 o′clock.　　제 비행기는 4시에 출발합니다.

여기서 흔히 잘못 가르쳐지고 있는 사항을 한 가지 짚고 넘어가겠습니다. 요즘 나오는 영어문법책에서도 여전히 왕·래·발·착 동사만이 현재형으로 미래를 나타낼 수 있다고 적혀 있는 것을 보았습니다만, 이 용례는 이 동사들에만 한정된 것은 아닙니다. 다른 동사도 **확정된 사항을 얘기할 때**는 현재형으로 미래를 나타낼 수 있는 경우가 많습니다.

이와 같이 현재시제로는 현재를 나타낼 수 있지만 미래도 나타낼 수 있으며 과거·현재·미래를 다 포함할 수도 있습니다. '현재시제 = 현재'라고만 생각하면 큰 오산이겠지요?

여기서 단순현재시제와 진행시제에 대한 설명을 일단 마무리하고 단순현재시제에서 현재진행시제로 동사의 형태를 바꾸는 과정을 살펴보도록 합시다.

2. 현재진행시제

현재진행시제는 본문에 쓰인 것처럼 지금 이 순간 진행중인 동작이나 활동을 표현하기도 하지만 보다 장기간 동안 진행중인 일에도 쓰입니다.

예를 들어, Jaesook is writing another book. (재숙은 지금 다음 책을 작업중이야.)이라고 하면 꼭 지금 이 순간에 재숙이 책상머리에 앉아 책을 쓰고 있다는 말은 아닙니다. 다음 책 작업을 시작은 했지만 아직 마무리는 안 한 중간단계를 일컫는 말이죠.

미국영어에서의 현재진행시제는 또한 종종 **미래**를 의미하기도 합니다. 진행시제가 미래를 의미하는 경우가 얼마나 많은지는 [Let's Practice] 에서 직접 확인해 보셨지요?

예를 들면 Where are you going?은 지금 어디에 가는 길이냐는 의미도 있지만 어디를 갈 거냐는 말도 됩니다. Are you going back to Korea? (당신, 한국으로 돌아갈 거예요?)

단순현재시제에서 현재진행시제로의 전환

1) **Jane watches the news on TV.** (제인은 TV 뉴스를 시청합니다.)

   제인이 지금 TV를 보고 있다는 뜻이 아닌 것에 주목하십시오. 위 단순현재시제를 설명한 예 중 1A에 해당하는 용례입니다. 현재시제로 <u>현재의 습관</u>을 표현한 것이죠. 평소에 TV 뉴스를 안 보는 사람도 있는데 제인은 TV 뉴스를 보는 사람이란 말이지요.

2) 진행시제의 동사형태는 <be동사 + 문장의 본동사(위에서는 watch)의 현재분사형>이라는 것을 앞의 동사의 기능편에서 살펴보았지요?

   Jane <u>watches</u> the news on TV.

3) 현재분사는 동사의 원형에 '~ing' 를 덧붙인 형태입니다. 위 문장의 동사 watches를 원형으로 바꾸면 watch, 거기에 ing를 덧붙이면 watching이 되지요.

   [**Jane <u>be watching</u> the news on TV.**]*

4) 동사의 기능편에서 설명한 대로 여기서 be동사는 진행형을 만들 수 있는 기능동사이며, 현재분사형으로 바뀐 본동사의 동사역할을 대신합니다. 주어가 3인칭 단수 현재인 것은 변함이 없으므로 주어에 맞추어서 be동사는 is를 써야 겠죠?

   Jane is watching the news on TV. (제인은 지금 텔레비전 뉴스를 보고 있어요.)

   * 단순현재시제에서 현재진행시제로 변환하는 도중의 문장은([ ] 안의 문장) 과정을 설명하기 위하여 보여 준 것이므로 완성된 문장이 아닙니다.

We are looking at the Statue of Liberty.

우리는 자유의 여신상을 보고 있어요.

(Visiting New York with friends)

친구들과 뉴욕을 방문하여

It´s a nice day today in New York.

오늘 뉴욕의 날씨는 참 좋습니다.

It´s not hot, but the sun is shining.

햇볕이 있지만 덥지는 않거든요.

I am with my two friends.

전 (지금) 두 명의 친구와 함께 있어요.

186

We are walking to <u>a boat</u>.

우린 (지금) 배를 향해서 걸어가고 있어요.

Now <u>the boat</u> is taking us to see the Statue of Liberty.

이제 배를 타고 자유의 여신상을 보러 가는 중이에요.

There are <u>many boats</u> on the water.

물 위에 보트가 많이 떠 있네요.

My friends are looking at <u>them</u>.

친구들은 보트들을 바라보고 있어요.

Amy is looking at <u>a big ship</u>.

에이미는 큰 배 한 척을 바라보고 있어요.

<u>The ship</u> is going under a bridge.

그 배가 다리 아래를 지나가고 있네요.

Now we are looking at the Statue of Liberty.

이제 우린 자유의 여신상을 보고 있어요.

She is very tall!

여신상은 정말 큰 걸요.

※ 이 섹션에서는 비디오로 찍으면서 상황을 묘사하는 말투로 소개하였습니다.

We are walking to a boat.

여기서 **to**는 '~쪽으로, ~를 향해서' 라는 뜻의 방향을 나타내는 전치사입니다. We're walking to a building (a restaurant, my house, the car, the beach). 등으로 단어를 바꾸어서 연습하면 더 자연스럽게 익숙해질 것입니다.

Now the boat is taking us to see the Statue of Liberty.

영어의 기초를 공부할 때부터 단어의 뜻을 정확히 아는 것이 중요합니다. 우리가 흔히 접하는 쉬운 단어들의 뜻을 명확히 모르는 이유는 바로 처음부터 제대로 된 영어교육을 받지 못했기 때문입니다.

take에는 '교통수단을 이용해서 다른 장소로 데려가 주다' 라는 의미가 있습니다. He will take me to the store. 하면 그이가 나를 차로 가게까지 데려다 줄 것이라는 말이지요.

반면에 [섹션 6]에서 나온 예처럼 I will walk you to the door. (문 앞까지 같이 걸어가 줄게.)라고 하면 걸어서 같이 가주겠다는 말입니다. '어디어디까지 같이 걸어가 주겠다' 고 말하면서 take를 쓰는 실수를 하는 사람들을 자주 보았습니다. take의 뜻도 명확히 알고 walk의 사용에도 익숙해지세요.

take가 위와 같이 '~로 데려다 주다' 라는 의미로 쓰인 다른 예를 하나 더 소개합니다.

| ex. : The elevator is taking us to the observation deck. |

　　　우린 지금 엘리베이터를 타고 관망대로 올라가고 있어요.

다음은 take가 '~를 안내하다' 라는 뜻으로 쓰이는 예입니다.

| ex. : The tour guide is taking us through the museum. |

　　　관광안내원이 우리에게 박물관을 안내해 주고 있어요.

| ex. : The usher is taking us to our seats. |

　　　안내원이 우리를 우리 자리로 안내해 주고 있어요.

관사 a, an, the

관사는 우리가 영어공부를 할 때 상대적으로 중요성을 덜 부여하는 부분입니다. 그래서인지 writing을 할 때 특히 관사에서 잦은 실수를 하게 됩니다. 관사의 사용 역시 아주 기초적인 부분부터 차곡차곡 실력을 쌓지 않으면 안 됩니다. 단순히 암기만 해서 되는 것은 아니므로 많은 예문을 읽어보고 직접 사용해 보는 연습이 필수적입니다.

부정관사나 정관사는 명사 앞에 오지만 명사를 관사 없이 쓰는 경우도 있습니다. 한 가지 예로 **명사의 의미가 아주 일반적인 경우에는 관사를 붙이지 않습니다.** 예를 들어, 인생은 아름답다(Life is beautiful.)고 할 때 life에 관사를 붙이지 않은 이유는 어떤 특정한 인생을 언급하는 것이 아니라 일반적인 삶을 뜻하기 때문입니다.

본문에 쓰인 관사 a, an(부정관사)과 the(정관사)의 사용을 눈여겨보시기 바랍니다.

1. 부정관사는 복수명사에는 물론 해당하지 않으며(many boats) 명사가 단수인 경우에만 쓸 수 있습니다. 본문을 보면 사물에 대해 처음 언급을 할 때는 부정관사를 쓰고(a boat, a big ship) 바로 다음 문장에서 다시 언급을 할 때는 이미 언급한 것을 가리키기 위해 한정해 주는 정관사를(the boat, the ship) 사용한 것을 볼 수 있습니다. 이때의 the는 명사 앞에 와서 그 명사를 한정해 주는 역할을 합니다.

2. 고유명사 중에도 관사가 붙는 경우가 있고 안 붙는 경우가 있는데, 명사가 뒤에서 전치사 of 의 수식을 받는 경우에는(the Statue of Liberty) 명사 앞에 정관사 the를 붙여야 합니다.

3. the Statue of Liberty를 대명사로 받으면서 여성인 she를 썼지요? 프랑스어처럼 모든 사물에 여성·남성의 구분이 있는 것은 아니지만 영어에서도 국가나 선박 등을 일컬을 때나 아기를 일컬을 때 등의 경우에 여성으로 표현하는 경우가 많습니다.

My friends are looking at them.

전치사의 목적어라는 말을 들어보셨나요? 전치사의 뒤에 나오는 말은 문법적으로는 그 전치사의 목적어에 해당합니다. 그렇기 때문에 대부분의 경우 전치사 뒤에 나오는 말은 명사로 쓰여야 하며 인칭대명사인 경우는 목적격을 써주어야 합니다. (목적격 인칭대명사 : you, her, him, me, us, them.)

발음에 대하여 | 알파벳 'L'의 발음

영어 알파벳 /L/의 발음이 우리말의 /ㄹ/과 같다고 생각하는 사람이 많은데 전혀 그렇지 않다는 것을 강조하고 싶습니다.

알파벳 /L/이 단어의 처음이나 나중에 발음될 때가 아니라면 그나마 우리말에서 ㄹ을 두 개 겹쳐 놓은 소리와 가장 가깝지만, 그때도 정확히 같은 소리는 나지 않습니다. /L/을 발음할 때 혀가 닿는 위치가 틀리며 우리말처럼 부드럽게 넘어가는 것이 아니라 좀더 혀를 명확하게 튕기며 소리를 내야 하기 때문입니다.

더군다나 발음이 알파벳 /L/로 시작할 때와 우리말 /ㄹ/로 시작할 때는 완전히 다른 소리가 납니다. 예를 들어 우리말에서 '류선생'을 발음할 때의 '류'와 영어에서 'Lewis'를 발음할 때의 'L'을 비교해 보면 류는 두리뭉실하게 부드럽게 발음해도 되지만, 영어의 /L/은 혀를 명확하게 튕기며 소리를 내야 합니다. 알파벳 /L/로 발음이 끝날 때와 /ㄹ/로 끝날 때도 마찬가지입니다. [섹션 4]의 발음 끝처리 설명을 참조하기 바랍니다.

I. 다음은 'Look at ~' 을 사용하여 몇 가지 새로운 명사를 연습해 보겠습니다. 우선 예문을 듣고, 그림을 보면서 힌트를 사용해서 문장을 만들어 보세요. 그런 다음 테이프를 따라 반복해서 연습하세요!

ex.) Look at the car.

(Hint) computer screen

1. ________________________

(Hint) map

2. __________________________

(Hint) hair cut

3. ______________________

(Hint) cast

4. ______________________

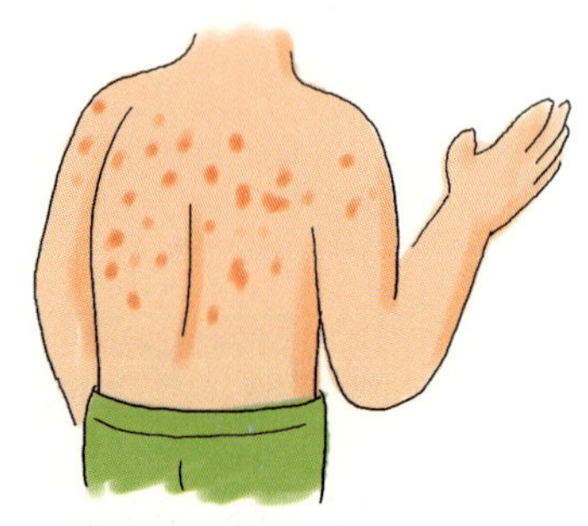

(Hint) rash

5. ______________________

(Hint) drawing

6. ______________________

II. 다음은 계속해서 진행시제에서 문장의 본동사를 현재분사로 바꾸는 연습입니다. 문제의 동사들은 분사꼴로 바꿀 때 끝에 오는 자음을 하나 더 첨가한 후 '~ing'를 덧붙여야 하는 동사들입니다. 주어진 동사를 보기와 같이 현재분사 꼴로 바꾸어서 빈칸에 적어보십시오. 테이프를 따라 소리내어 연습한 후 답을 확인하십시오.

> ex.) put   He is _putting_ on his coat.

1. swim   He is __________ across the river.

2. sit   She is __________ on the grass.

3. run   The cat is __________ along the wall.

 이 섹션부터 다양한 전치사가 본격적으로 소개됩니다. 전치사도 비슷한 용례 몇 가지를 반복하여 연습하면 그 사용에 쉽게 익숙해집니다. 이번에는 after(~를 좇아)와 over(~의 위로, 표면의 바로 위부터 약간 떨어진 위쪽까지를 포함), 그리고 across(~를 가로질러)를 사용한 문장들을 연습해 보도록 하겠습니다.

1. He's _running after_ the bus. (= He's trying to catch the bus.)

2. He's _running after_ his dog.

3. He's _running after_ his toddler.

하지만 다음과 같이 말하면 '~가 끝난 후에' 라는 의미로 쓰인 것입니다.

He's running after work today.

(= He will go for a run/jog after he finishes work.)

그이 오늘 퇴근 후에 조깅할 거예요.

4. We are _walking over_ a large bridge.

대교 위를—ON the bridge—걷고 있는 거지만 over로 표현할 수 있습니다.

5. We are _walking over_ the Wabash River.

말 그대로 강의 위를 걷고 있다는 표현입니다.

6. We are _walking over_ some broken glass. Be careful!

깨진 유리를 밟고—ON the glass—걷는 거죠.

7. We are _walking across_ the Wabash River.

강을 가로질러서 다리 위를 걷고 있다는 표현입니다.

8. We are _walking across_ campus.

9. We are _walking across_ the parking lot.

My boyfriend and I are running along the river.

내 남자친구하고 내가 강가에서 조깅을 하는 거예요.

다음 conversation의 내용을 먼저 듣고 따라 한 후, 본문을 보시기 바랍니다.

This is a picture of our city.

이건 우리가 사는 도시 (사진이)에요.

Our city is in a valley.

우리 도시는 분지거든요.

It is between four mountains.

산 네 개로 둘러싸여 있고

The city is also on a river.

강도 있어요.

Here is another picture of our city.

여기 이것도 우리 도시사진이거든요.

My boyfriend and I are running along the river.

남자친구하고 제가 강가에서 조깅하는 거예요.

The banks of the river are sandy.

강둑에 모래사장이 있지요.

There are some boats in the water.

강에는 보트가 몇 대 떠 있고

They are floating downstream.

강하류쪽으로 떠내려가고 있어요.

Here is my last picture.

이제 이게 마지막 사진이에요.

This is my university.

이게 우리 대학이에요.

It is near the river.

우리 학교에선 강이 가까운데

The river is on the right.

학교 오른쪽으로는 강이 있어요.

Some students are coming out of the building.

학생들이 건물에서 나오고 있지요.

This is a picture of our city.

photograph는 약간 딱딱한 분위기를 주는 말입니다. 친구에게 photo album이나 photos를 보여 줄 때는 보통 **picture**를 씁니다. 전문적인 photography class(사진 수업) 같은 상황이라면 picture 보다는 좀더 formal한 단어인 **photograph**를 쓰겠지요.

of our city : of는 '～의' 라는 의미이고 a picture를 한정해 주는 역할을 합니다.
in a valley : valley는 움푹 들어간 곳이므로 전치사 in(～의 안에)이 어울리겠죠?
between four mountains : '～의 사이에 있다' 는 의미죠.

The city is also on a river.

이 표현은 강에서 매우 가까이 있다는 말을 간접적으로 돌려서 표현하는 말입니다. The city is really close to the river.나 The city was built along the banks of the river.라고 직접적으로 멋없이 말하는 대신에 말입니다.

along the river : '～를 따라' 라는 의미의 전치사로 쓰인 경우입니다.
on the water, **in** the water : 물에 떠 있다고 표현할 때 이 두 가지 다 임의로 쓸 수 있습니다.
on the right : 오른편에
out of the building : out of는 into와 상반되어 '～의 밖으로' 나오는 것을 의미하는 전치사입니다.

I. 다음은 알맞은 be동사를 빈칸에 채워 넣어 문장을 완성하는 연습입니다. 보기를 사용하여 현재 진행형태를 완성하십시오. 일단 문제를 푼 다음 테이프를 따라 소리내어 연습한 후 답을 확인하 십시오.

ex.) What _____ you doing?   We _____ reading.

→ What *are* you doing?   → We *are* reading.

(Hint) are, am, is

1. What _____ you doing?   I _____ cleaning my room.

2. What _____ they doing?   They _____ doing their homework.

3. What _____ he doing?   He _____ working hard.

 다음은 알맞은 전치사를 빈칸에 채워 넣어 문장을 완성하는 연습입니다.

(Hint) off, over, between, along, in front of, behind, under, or across.

1. The airplane is flying _________________ the village.

2. The ship is going _______________ the bridge.

3. The children are swimming __________________ the river.

4. Two cats are running ________________ the wall.

5. The boy is jumping _______________ the tree.

III. 본문에 나온 문장들 중 전치사를 사용한 표현들을 집중적으로 연습하겠습니다. 전치사에 대한 감을 잡는 데는 반복된 연습을 통해 간단한 표현들부터 익숙해지는 것이 가장 좋은 방법입니다.

- This is a picture *of our city*.

- Our city is *in a valley*.

- It is *between four mountains*.

- The city is also *on a river*.

- Here is another picture *of our city*.

- My boyfriend and I are running *along the river*.

- The banks *of the river* are sandy.

- There are some boats *in the water*.

- Here is my last picture.

- This is my university.

- It is *near the river*.

- The river is *on the right*.

- Some students are coming *out of the building*.

먼저 A의 숫자들을 순서대로 듣고 따라 하기 바랍니다. 여건이 된다면 입으로만 따라 말하는 것이 아니라 숫자를 받아 적어보면 더욱 효과적일 것입니다. 숫자를 연습할 때도 아무 생각 없이 발음만 연습하지 말고 **언제나 그 숫자를 머릿속에 그리면서 연습해야** 그 발음과 이미지가 숫자와 함께 기억이 됩니다.

A. 다음의 숫자를 순서대로 듣고 따라 하세요.

3,330	4,440
5,280	6,105
7,419	8,023
9,501	10,002
12,611	16,925

three thousand three hundred and thirty | four thousand two hundred and forty | five thousand two hundred and eighty | six thousand one hundred and five | seven thousand four hundred and nineteen | eight thousand and twenty three | nine thousand five hundred and one | ten thousand and two | twelve thousand six hundred and eleven | sixteen thousand nine hundred and twenty five

B. 이제 본문을 보지 마시고 테잎의 원어민이 말하는 숫자를 듣고 받아쓰기를 한
후 아래와 답을 맞춰 보십시오.

1.

2.

3.

4.

5.

6.

7.

8.

9.

1. 12,317 | 2. 9,763 | 3. 6,186 | 4. 7,410 | 5. 3,262 | 6. 13,836 | 7. 8,147 | 8. 10,319 | 9. 18,230

사진에 대한 표현

이 부분은 다시 기초를 다지는 중·고급 독자들을 위한 부록입니다. 초급 독자들은 나중에 이 표현들을 공부할 수준이 되었을 때 언제든지 돌아와서 익힐 수 있습니다.

다음은 일반적인 사진에 대해 흔히 쓰는 표현들입니다.

:: Would you like to see a picture of my city?

우리가 사는 도시 사진 보고 싶니?

:: Would you like to see my pictures?

내 사진 볼래?

:: Would you like to look at my photo album from this summer?

올 여름에 찍은 내 앨범 볼래?

:: This one looks overexposed. (= Too mush light got into the camera)

이건 노출이 너무 과도하게 된 것 같다.

:: This one looks underexposed. (= Not enough light got into the camera)

이건 노출이 너무 안 된 것 같구나.

:: This shot is blurry.

이 사진은 너무 흐릿하네.

:: I look so silly in this one.

이 사진에서 나 너무 우습게 나왔어.

I think they did a good job developing my pictures.

(내) 사진 (이번에) 현상이 아주 잘된 것 같아.

I think they did a bad job developing my pictures! They look terrible.

이번 사진 엉망으로 현상해 놓은 거 있지! 너무 못 나왔어.

I used my 35㎜ camera for these pictures.

이 사진들은 35㎜ 카메라로 찍었어.

This is a picture of our family reunion.

이건 우리 가족이 모두 모인 날 기념으로 찍은 사진이야.

The film is scratched! See the lines on all the pictures?

이거 필름에 흠이 생겼구나! 사진마다 흰 선이 그어진 것 보여?

Where are the negatives* to this picture?

이 사진 필름은 어디 있니?

* 새 film과 구분하여 이미 현상이 된 필름은 negative라고 합니다.

Can I have a copy?

(이 사진) 나도 한 장 줄 수 있니?

Could you make me a copy of this picture? I really like it.

이 사진 나도 한 장 빼줄 수 있겠니? 너무나 맘에 들어서.

You did a nice job with your photo album. It looks great.

너 앨범 정리 참 잘했다. 아주 근사한 걸.

This picture doesn't do these mountains justice.

이 사진에선 (그 멋진) 산이 제대로 안 나왔어.

The table is in the middle of the kitchen.

식탁은 부엌 중앙에 있습니다.

다음 conversation의 내용을 먼저 듣고 따라 한 후, 본문을 보시기 바랍니다.

(Describing A Kitchen)

부엌 묘사하기

Jaesook′s kitchen is small, but nice.

재숙의 부엌은 작지만 잘 정돈되어 있어요.

There is a new refrigerator and a new dishwasher.

새 냉장고와 새 식기세척기가 있고

The table is in the middle of the kitchen.

식탁은 부엌 중앙에 있습니다.

Yale, her son, eats breakfast at the table.

그녀의 아들 예일이는 그 식탁에서 아침식사를 합니다.

Sometimes he is messy and throws food on the floor!

때때로 예일이는 바닥에 음식을 버려서 난장판을 만들기도 하지요.

A cup of juice is on the table.

식탁에는 주스 한 컵이 놓여 있습니다.

The cup is in the middle of the table.

그 컵은 식탁의 한가운데에 있고요.

On the counter are some flowers.

조리대 위에는 꽃이 있습니다.

To the right of the flowers are some dirty dishes.

꽃 오른쪽에는 씻지 않은 접시들이 있고요.

The dishwasher is empty.

식기세척기는 비어 있습니다.

Jaesook puts the dishes in the dishwasher.

재숙이 식기세척기에 접시들을 집어넣고

Her husband puts the clean dishes away.

씻은 접시들은 그녀의 남편이 제자리에 정리를 합니다.

The cups go on the left shelf.

왼쪽 선반에는 컵을 놓고요.

The plates go on the right shelf.

오른쪽 선반에는 접시들을 놓습니다.

There are five drawers.

서랍은 5개가 있는데요.

Napkins go in the top drawer.

냅킨은 제일 첫번째 서랍에 넣고

Dish towels go in the second from top drawer.

행주는 위에서 두번째 서랍에 넣지요.

Jaesook puts Yale′s baby dishes in the middle drawer.

재숙은 중간 서랍에 예일이의 아기용 그릇을 넣습니다.

Yale eats breakfast at the table.

They are at table.이라고 하면 '식사중' 이라는 뜻이 된다고 쓰여 있는 사전과 영어책이 있습니다만, at table이라는 표현은 미국에서는 전혀 쓰이지 않는 말입니다. **They are at the table.**이나 **They are at a table.**이라고 해야 합니다. '식탁에 앉아 있다' 는 말이지요. 그냥 식탁에 앉아 있다는 말이지 식사를 하고 있는지 그냥 대화를 하고 있는지 그런 것은 이 표현 자체로는 나타나지 않고 있습니다.

He is messy.

다음은 mess의 형용사형인 messy의 다양한 용례입니다.

— My sister′s room is messy. She has clothes all over the place.

　내 여동생 방은 엉망이야. 걔는 사방에다가 옷을 널어놓는다고.

- He is so messy. He never brushes his hair.

  그 사람 정말 지저분해. 머리를 절대로 안 빗는다니까.

- He looks so messy. I don't think he ever changes his shirt.

  걔는 정말 더러워 보여. 내 생각엔 셔츠도 안 갈아입는 것 같아.

- The kitchen is really messy. I have to do the dishes before I go out tonight.

  부엌이 너무 지저분하네. 저녁때 설거지를 해 놓고 나가야겠어.

- Her handwriting is messy. I can hardly read it.

  그 여자 글씨는 엉망이야. 난 도저히 못 읽겠더라.

Her husband puts the clean dishes away.

영어권 국가에서 어느 정도 생활하다 보면 위와 같이 동사와 부사가 결합된 표현을 그들이 얼마나 즐겨 쓰는지 절감하실 겁니다. 미국에서는 세 살배기 아이들도 마구 사용하는 이런 표현들이 우리에게는 어렵게 느껴지는 까닭은 무엇일까요? 그야 익숙하지 않아서입니다. 뜻을 제대로 익히고 혀와 귀가 그것을 기억하도록 반복해서 연습해야 합니다.

본문에 나온 put과 부사가 결합된 표현 중 흔히 쓰이는 표현을 몇 개 소개하겠습니다. 우선 **put ~ away**의 의미는 '~를 제자리로 정리해 놓다' 입니다.

- He *put* me *down*.

  그 사람이 날 모욕했어요.

- Jenny didn't invite me to the party. I felt very *put out*.

  제니가 날 파티에 초대하지 않았거든. 나 굉장히 마음이 상했어.

- I <u>won't</u>* *put up with* this behavior anymore.

  난 그런 행동을 더 이상 용납하지 않을 거예요.

  * won't는 will not의 축약형입니다.

- *Put up* the flyer for me.

  이 광고전단 좀 붙여 주라.

- *Put out* the fire.

  불(모닥불, 화재) 꺼.

– I´m going to *put* it *off* until the weekend.

나 그거 주말까지 미루어 두려고 해요.

– *Put on* your shirt.

셔츠 입어라.

The cups go on the left shelf.
The plates go on the right shelf.

위 문장에서 go의 의미는 The cups **belong** on the left shelf. The cup´s **place,** is on the left shelf.입니다. 사물을 주어로 한 go의 용례가 어색하게 여겨진다면 '컵은 왼쪽 선반으로 가고 접시는 오른쪽 선반으로 가는 거야' 하는 우리말을 생각해 보세요!

영어발음은 무조건 굴리는 게 아니다

이제 여러분은 무조건 혀 꼬부라진 발음을 한다고 해서 영어를 잘하는 게 결코 아니라는 것을 아셨으리라 생각됩니다. 영어에서 그야말로 혀를 꼬부리는 발음은 /r/뿐이며 그나마도 혀가 입천장에 닿아 버리면 요상한 소리만 날 뿐이니까요.

영어발음을 잘하려면 무엇보다 혀의 위치와 입모양이 정확해야 하고, 목소리를 낼 때와 안 낼 때를 구분해야 합니다. 어려서부터 영어권에서 자란 사람은 이 과정을 무의식중에 혀가 기억하고 있겠지만, 외국어로서 영어를 공부하는 우리는 혀가 기억할 때까지 의식적으로 기억을 하고 혀와 턱이 아프도록 연습하는 수밖에 없습니다. 기초적인 발음부터 하나씩 정확하게 발음할 수 있도록 연습해 그 발음이 무의식의 경지에 들어가게 되면 그 다음 단계의 좀더 어려운 발음에도 민감하게 됩니다.

본문을 따라 읽는 연습을 반복하면서 단어 하나하나마다 끝처리를 확실하게 하는 데 유의하십시오. 미국인들처럼 빠르게 말한답시고 발음을 얼버무리면 엉터리 발음만 될 뿐입니다. 생소한 외국어는 매우 빠르게 들리기 마련입니다. 우리말을 모르는 미국인들게는 우리말도 매우 빠르게 느껴지는 것입니다. 미국인이 우리말 발음을 정확히 하지 않으면서 무조건 빨리 말하면 아마 아무도 알아듣지 못하겠지요. 영어도 마찬가지로, 모든 발음을 정확히 해야 합니다. 여기서 정확히 발음한다는 것은 우리 식으로 읽는 것을 의미하지 않습니다. 영어 액센트의 강약에 맞추어서 빠르고 약하게 발음하고 넘어갈 부분과, 강하고 명확하게 발음할 부분을 잘 처리하는 것이 정확한 발음입니다. 한글을 읽는 식으로 발음하면 엉터리 발음이 되기 쉽습니다.

예를 들어 위의 본문 중 **small but nice**를 봅시다. 자음 l과 b가 연이어 있고 t와 n이 연이어 있지요. 이걸 많은 사람들은 우리말처럼 자음접변현상을 적용해서 /스몰반나이스/라고 그냥 뭉개서 읽어버립니다. 우리들끼리는 잘 알아듣지만 그런 식으로 발음을 해 버리면 미국인들은 못 알아들을 때가 많습니다.

자, 한 단어씩 발음을 설명해 보겠습니다. 먼저 small의 끝자음 /l/을 발음할 때는 혀를 입천장에 대어 명확하게 끝처리를 해 준 후에 but의 /b/를 발음해야 합니다. 자음 /b/는 /p/와 마찬가지로 위·아래 입술을 붙인 상태에서 입술을 벌리면서 내는 소리지만, /p/와는 달리 /b/는 목을 울려 소리를 내야 한다는 것이 다릅니다. /p/는 목에서 울리는 소리를 내지 않고 입술끼리 강하게 차면서 내는 소리가 그 발음의 전부입니다. 한번 pet와 bat를 발음하면서 목을 만져 보십시오. 자신이 바르게 발음을 하고 있는지 확인할 수 있습니다.

t는 앞에서 설명했으므로 반복하지 않겠지만 끝처리를 깔끔하게 해야 합니다. 특히 위와 같이 뒤에 **n**이 오는 경우 우리말하듯 자음접변현상을 적용해서는 (마치 우리말에 ㅌ 뒤에 ㄴ이 오면 앞 자음을 뒤 자음 ㄴ과 같은 발음으로 고쳐 발음하듯이) 안 됩니다. 그렇기 때문에 머릿속에 한글로 영어발음을 쓰는 습관을 일찌감치 버리는 것이 좋습니다. 두 단어를 (but nice) 를 똑똑히 끊어서 읽어주어야 합니다.

I. 다음은 물건들의 위치를 말하는 연습입니다. 본문에서 익힌 전치사구를 이용하여 대답을 해 보기 바랍니다. 먼저 예문으로 연습한 후 1번부터 7번까지는 위의 그림을, 8번은 문제 바로 옆의 그림을 보고 답을 말해 보세요. 테이프에서 나오는 답을 따라 말한 후, 다음 장에 적힌 답을 확인하기 바랍니다. 이 부분에 나오는 문장이나 단어에 대한 설명은 223쪽을 참고하세요.

ex.) Where is the vase?   _The vase is in the bottom drawer._

1. Where is the dog´s food dish?

____

2. Where is the phone book?

____

3. Where are the potholders?

____

4. Where are the dishtowels?

____

5. Where are the dog treats?

____

6. Where are the lunch dishes?

____

7. Where is the table?

____

8. Where is the coffee pot?

____

1. The dog's food dish is in the bottom of the cupboards. | 2. The phone book is in the bottom drawer. | 3. The potholders are in the top drawer. | 4. The dishtowels are in the second from top drawer. | 5. The dog treats are on top of the refrigerator. | 6. The lunch dishes are on top of the table. | 7. The table is in the middle of the room. | 8. The coffee pot is in the middle of the office.

 다음은 'next to ~(~옆에)' 와 'beside' 를 이용하여 위치를 말하는 연습입니다. 먼저 예문으로 연습한 후 1번부터 테이프의 질문에 따라 2번까지는 214쪽 그림을 보고 답을 말해 보세요. 테이프에서 나오는 답을 따라한 후에 책에 적힌 답을 확인하기 바랍니다.

> ex.) Where is the microwave?
>
> → _The microwave is next to the refrigerator._

1. Where is the salt?

____

2. Where is the dog′s water dish?

____

3. Where is the suitcase?

____

4. Where is the phone?

____

1. The salt is next to the pepper. | 2. The dog's water dish is next to his food dish. | 3. The suitcase is beside the bed. | 4. The phone is beside my backpack on the couch.

Ⅲ.

전치사구가 앞으로 도치되어 동사와 주어의 자리가 바뀐 문장을 접하면 처음에는 익숙하지 않기 때문에 거부감이 느껴지며 매우 어렵게 생각됩니다. 단지 순서만 바뀌었을 뿐인데도 말이죠. 이런 경우에는 비슷한 패턴으로 여러 가지 문장을 반복하여 연습하는 것도 좋은 방법입니다.

평상시에는 물론 다음의 예들처럼 도치하기보다는 주어-동사 순으로 쓰는 것이 더 자연스럽고 자주 쓰입니다. 이렇게 장소를 나타내는 부사를 도치하여 표현하는 경우는 물건의 위치에 강조를 둘 때나 거기에 물건이 여러 가지가 있는 것을 상세히 나열할 때입니다.

| ex. : On the counter are some flowers, a vase, and a pair of scissors. |
  조리대 위에 가면 꽃하고 화분, 가위가 있거든.

다음은 말하는 상황을 머릿속에 또렷하게 그리면서 문장을 반복하여 따라하는 연습입니다. 의미를 모를 때에는 일단 듣고 따라 하는 연습을 하고 난 다음, 우리말 번역을 참고하여 뜻을 파악하고 난 연후에 하기 바랍니다. 자, 그럼 함께 따라하면서 연습해 보지요!

1. On the counter are some flowers.

2. On the bed are some sheets.

3. On the shelf in the closet are some towels.

4. On the couch is the magazine I told you about.

5. On the counter is your cup of coffee.

6. On the counter are the potholders.

7. On the door is my poster of France.

8. To* the right of the flowers are some dirty dishes.

* 전치사 to에 방향을 나타내는 뜻이 있는 것을 기억하지요?
| ex. : The house is to the right of the store. | 그 집은 가게 오른쪽에 있어요.

1. 조리대 위에는 꽃이 있습니다.
2. 침대 위에 침대시트가 몇 개 있어요.
3. 타월은 벽장 안의 선반에 있어요.
4. 내가 말한 그 잡지는 소파 위에 있어요.
5. 당신 커피는 조리대 위에 있어요.
6. 그릇 손잡이는 조리대 위에 있어요.
7. 내 프랑스 포스터는 문에 붙어 있어요.
8. 꽃 오른쪽에는 설거지가 안 된 접시들이 있군요.

Let´s Practice I에 대한 해설

1 찬장을 영어로 cupboards라고 합니다. p가 묵음인 것에 유의하세요.

위의 예에서 _in_ the bottom of the cupboards라고 하면 찬장 맨아래칸의 <u>안쪽</u> 바닥에 강아지 밥그릇이 놓여 있다는 말이고, _at_ the bottom of the cupboards라고 하면 찬장 맨아래칸의 (찬장 안이 아닌) <u>바깥쪽</u>에 놓여 있다는 느낌을 줍니다.

예를 들어 My bag is at the bottom of the desk.라고 하면 가방이 책상 발 밑에 있다는 말이거든요.

3 · a potholder(뜨거운 요리기구 같은 것을 잡을 수 있도록 패드모양으로 만들어진 손잡이)

· an oven mitt(벙어리 장갑처럼 안에 손을 넣어서 뜨거운 것을 잡도록 되어 있는 천으로 만들어진 오븐 손잡이)

5 냉장고는 미국 구어체 에서는 fridge라고 부릅니다. 강아지용 군것질 거리를 dog cookies나 doggie treats라고 하구요.

6 일반적으로 미국인들이 lunch dishes라고 하면 점심식사용의 특별한 접시를 의미하는 것이 아니라 점심때 사용한 접시를 일컫는 겁니다.

하지만 만일 **Could you please get out the lunch dishes?** 하고 말한다면 그 집은 점심과 저녁식사용 접시를 따로 두고 쓰는 가족일 겁니다.

관사

기존의 문법책은 물론이고 심지어 최근에 출간되어 인기를 끈 영어책에서조차 관사가 붙지 않는 대표적인 단어들을 나열하면서 식사와 학과이름을 포함한 것을 보았습니다. 영어를 마치 수학공식처럼 '이런 경우에는 정관사만 쓰고, 저런 경우는 언제나 무관사만 쓴다' 라는 식의 교육방식은 영어에 대한 감각을 죽이게 합니다. 운동경기나 악기 이름 앞에는 언제나 the를 붙이는 식으로 일정한 규칙은 있지만, 수학처럼 절대적인 선을 그을 수 없는 것이 바로 언어이기 때문입니다.

1. 하루의 식사인 **breakfast, lunch, dinner**는 본문에서 쓰인 것처럼 일반적으로 관사를 붙이지 않습니다. | ex. : She's cooking dinner. |

우리말로 생각해 봐도 '당신 점심했어요? (Did you have lunch?)', '너 아침 먹었니? (Did you have breakfast?)' 하고 말할 때의 아침이란 막연한(general) 의미의 아침식사를 의미하기 때문입니다.

하지만 좀더 특정한(specific) 식사를 언급할 때는 관사를 붙일 수 있습니다. 예를 들어, **Did you go out to eat?** (나가서 식사하고 왔니?) 하고 상대가 물었을 때 **No, I had a lunch with me.** (아니, 나 점심 싸온 게 있었거든.) 혹은 **I brought my lunch.** 하고 말할 수 있는 겁니다.

점심이나 저녁식사에 대해 얘기하면서, 다음과 같이 특정 식사를 언급할 때는 the를 붙입니다.

– *The* lunch I had included an apple, a sandwich, and a yogurt.

　　내가 먹은 점심에는 사과 하나 하고 샌드위치 그리고 요구르트가 있었어.

– *The* dinner was a special occasion honoring senator Jones. (식사보다는 event를 칭함.)

　　그 정찬은 Jones상원의원을 기념하는 특별한 행사였어.

– *The* dinner was good. (meal 자체를 칭함.)　　그 저녁식사 맛있었어.

– *The* dinner was a potluck. (meal 자체를 칭함.)

　　그 저녁식사는 각자 음식을 한 가지씩 해 와서 함께 나눠먹는 식사였어.

이처럼 실제 생활영어에서는 **at the dinner**(그 저녁식사 때) 하는 식으로 dinner 앞에 the가 붙은 것을 흔하게 볼 수 있는데도 식사 앞에는 관사가 절대로 안 붙는다고만 가르치면 좀 혼동되지 않겠습니까? 말이 나온 김에 점심도시락에 대한 미국문화에 대해 잠깐 얘기해 보죠. 미국에서는 **brown bag lunch**라는 단어를 아주 흔히 들을 수 있습니다. 점심을 각자 가져와서 점심을 먹으면서 프레젠테이션을 듣는다든가 토론을 한다든가 하는 것을 **brown bag lunch (series)** 등으로 표현합니다.

일본이나 우리나라에서는 점심을 싼다면 예쁜 도시락보에 싸거나 그것도 촌스럽게 여긴다면 근사한 도시락통에 밥과 반찬을 넣는 것이 일반적입니다. 그러나 미국인들은 점심메뉴가 대부분 샌드위치와 샐러드, 과일, 요구르트 정도이고 그것도 샌드위치는 zip lock bag(지퍼로 열었다 닫았다 할 수 있는 비닐백)에 넣습니다. 이 점심도시락을 갈색 종이백에 넣고 다니기 때문에 brown bag lunch라는 말이 나온 거지요. 맥도널드 같은 곳에서 To Go 주문 음식을 넣어주는 갈색 종이백을 보신 적이 있지요? 슈퍼에 가면 그런 소형 종이백을 팝니다. 가정용 일회 도시락통이죠. 도시락 포장이 허름한 것도 부끄러워하는 우리나라 사람에게는 갈색 종이백을 보고 맛있는 점심을 연상하는 미국인이 잘 이해가 가지 않을 겁니다.

2. math, science, economics, politics 등의 학과이름은 마지막 철자가 's'로 끝난다고 해도 단수 취급을 해야하는 것은 물론이고 무관사가 원칙입니다. 하지만 다음과 같이 수학 중에서도 특정한 분야를 칭하여 말할 때는 **the**를 붙여 말하기도 합니다.

－ I like _the math_ that I'm doing in _algebra_.

　난 수학 중에도 요즘 배우는 대수가 좋더라.

－ I like _the math_ I'm doing in _geometry_ (or trigonometry).

　난 수학 중에 요즘 배우는 기하가/삼각법이 좋아.

－ I can do _the math_, but I can't understand the _word problems._ *

　난 수학문제 중에 산수문제는 자신이 있는데 응용문제는 이해를 못하겠어.

> ＊ 수학문제 중에는 수학기호만으로 된 문제가 있는 반면(arithmetic operations), 개념을 확실하게 알았는지를 묻는 말로 된 문제(conceptualization)도 있습니다.

3. 질병이름도 무관사가 원칙이지만 특정하게 언급할 때는 정관사를 쓰기도 합니다. 암에 걸린 사람에 대한 표현을 예로 들어 보지요. 일반적인 의미의 암을 말하려면 **He has cancer.** 하고 무관사를 쓰는 것이 원칙입니다만, 아래의 예처럼 cancer가 a tumor(종양)를 의미할 때는 **a cancer**라고 합니다.

| ex. : My friend has a cancer in her esophagus. |　　내 친구는 식도에 암이 있어.

또 특정한 사람의 몸 안에 퍼져 있는 암을 가리킬 때 the cancer 혹은 her cancer로 한정해서 표현하기도 합니다.

| ex. : The (or Her) cancer is spreading. She is getting worse. |
　　암이 막 퍼지고 있어. 상태가 더 나빠지고 있는 거야.

There is a party in the living room.

거실에서는 파티가 벌어지고 있어요.

다음 conversation의 내용을 먼저 듣고 따라 한 후, 본문을 보시기 바랍니다.

(A birthday party in Jae´s apartment)

재의 아파트에서 열린 생일 파티

Jaesook´s living room is large.

재숙이네 거실은 널찍합니다.

There is a party in the living room.

거실에서는 (지금) 파티가 벌어지고 있어요.

The drinks are near the door.

음료수는 문 옆에 있고

There are some chips on the table.

식탁에는 칩이 있어요.

The radio is in the window.

라디오는 창문턱에 놓여 있고요.

There are some people on the couches.

사람들은 소파에도 몇 명 앉아 있고

There are also some people on the chairs.

의자에 앉아 있는 사람들도 있습니다.

There are some children in the room.

거실에는 아이들도 있어요.

The children play near the table.

아이들은 식탁 가까이에서 노네요.

The cake is on the table.

식탁 위에는 케이크가 있고

There are also some gifts on the table.

선물도 놓여 있어요.

이 섹션의 초점은 계속해서 'on, in, near' 을 사용한 전치사구와 **there is ~/there are ~** 에
대한 연습입니다. 본문을 여러 번 듣고 따라 하기 바랍니다.

There are some chips on the table.

앞에서 there is ~/there are ~를 사용한 문장을 보면 문장의 진짜 주어는 동사 뒤에 오는 단어임을 알 수 있습니다. 여기서 be동사의 뜻은 '~이 있다'이고, 주어가 단수면 is를 복수면 are를 씁니다. 이 문장구조에서 there은 형식적으로 주어자리를 메울 뿐 아무런 뜻도 없습니다. 동사 be도 뒤에 오는 진짜 주어의 영향을 받아 there의 동사가 is나 are로 변하는 것에 유의하십시오.

some chips, some people, some children

some은 셀 수 있는 명사나 셀 수 없는 명사 모두에 쓸 수 있는 수량형용사로서, '약간의, 얼마간의'라는 뜻이 있지만 그 기준은 지극히 상대적이므로 적은 수량부터 상당히 많은 수량까지를 다양하게 나타낼 수 있는 말입니다.

본문에 나온 내용을 기억하면서 질문의 답을 쓰고 말하는 연습입니다. 다음 장에 적혀 있는 질문을 보지 말고 테이프에서 나오는 질문을 듣고 소리내어 대답하면서 답을 적어보십시오. 답을 확인한 후 다시 소리내어 말해 보기 바랍니다.

1. Are there any children at the party?

____

2. Are there any gifts in the room?

____

3. Are there any chips at the party?

____

4. Where are the drinks?

____

5. Where is the party?

____

6. Where is the radio? (= Where is the radio kept?)

7. Where are the children playing?

Number Drill

먼저 A의 숫자들을 순서대로 듣고 따라 하기 바랍니다. 여건이 된다면 입으로만 따라 말하는 것이 아니라 숫자를 받아 적어보면 더욱 효과적일 것입니다. 숫자를 연습할 때도 아무 생각 없이 발음만 연습하지 말고 언제나 그 숫자를 머릿속에 그리면서 연습해야 그 발음과 이미지가 숫자와 함께 기억이 됩니다.

A. 다음의 숫자를 순서대로 듣고 따라 하세요.

20,000	86,457
423,280	651,359
384,875	474,096
1,001,000	1,060,030
2,600,800	7,020,006

twenty thousand | eighty six thousand four hundred and fifty seven | four hundred twenty three thousand two hundred and eighty | six hundred fifty one thousand three hundred and fifty nine | three hundred eighty four thousand eight hundred and seventy five | four hundred seventy four thousand and ninety six | one million and one thousand | one million sixty thousand and thirty | two million six hundred thousand and eight hundred | seven million twenty thousand and six

B. 원어민이 말하는 숫자를 듣고 받아쓴 후 아래의 답과 맞추어 보십시오.

1.

2.

3.

4.

5.

6.

7.

8.

9.

1. 26,457 | 2. 333,236 | 3. 748,957 | 4. 62,425 | 5. 8,418,673 | 6. 2,437,974 | 7. 58,709 | 8. 2,625,892 | 9. 7,690,423

Do I have to clean my room now?

저 방 지금 치워야 해요?

다음 conversation의 내용을 먼저 듣고 따라 한 후, 본문을 보시기 바랍니다.

(Telling your child to clean her room)

아이에게 방을 치우라고 말하기

Dad : Come here, Mary.

메리야, 이리와 봐라.

Mary : Yes, Dad!

네, 아빠.

Dad : Your bedroom is very messy.

네 침실 정말 엉망이구나.

232

Mary : Do I have to clean it now?

지금 방 치워야 돼요?

Dad : Yes. Please make the bed. Then put your (= the) clothes away in the closet. Then dust the lamp, the dresser, and the shelf. Then sweep the floor, and you are finished.

그래. 침대 좀 정리하고. 네 옷들도 옷장에 정리해 넣고 램프하고 옷장 그리고 선반의 먼지를 닦아. 그리고 나서 바닥을 쓸어, 그러면 다 된 거야.

Mary : Then I <u>can</u>* play with my friends!

그럼 친구들하고 놀아도 되지요!

* 여기에 사용된 can의 사용법은 [섹션 21]에서 자세히 다루었습니다.

정관사 **the**의 용례 중 두 가지를 [섹션 9]에서 잠깐 다루었습니다. 앞의 본문에서 집안 일을 나열하면서 쓴 the는 모두 그 두번째의 용례에 해당합니다. '대화의 맥락상 당연히 상대방이 어느 것을 말하는지 알 수 있는 명사' 들 앞에 놓여 명사를 한정해 주지요?

Your bedroom is very messy.

이와 비슷한 표현들은 다음과 같습니다.

- Your room is a mess. This is very untidy.

  네 방 엉망이구나. 너무 어질러져 있어.

- Your room is cluttered.   네 방 정말 난장판이다.

- Your room is really unorganized. You need to straighten-up your room.

  네 방 정말 너무 어지럽다. 너 방 정리 좀 해야 겠다.

Do I have to clean it now?

아이들이 뭔가 하기 싫을 때 흔히 쓰는 말투지요. 다르게 표현하면 다음과 같습니다.

– Do you want me to clean my room?　　내 방 내가 치울까요?

– Do I have to straighten-up my room?　　내 방 내가 정리해요?

You´re finished.

이 문장에는 두 가지 의미가 있습니다.

1) 우선 '할 일을 다 했다' 는 의미(You completed the job. – You're done.과 같은 의미)가 있습니다. finished와 done 둘 다 '끝난', '다 된' 과 같은 의미를 가진 형용사입니다. 예를 들어 식당에서 빈 그릇을 치우려고 온 종업원에게 음식을 다 먹었다고 할 때나 복사기를 다 사용하고 나서 다음 사람에게 다했다고 할 때도 **I'm finished. I'm done.**이라고 하는 것을 흔히 들을 수 있습니다.

2) 더불어 '넌 이제 끝이다, 더 이상 기회가 없다.(You have used up all of your opportunities. So there is no further chance to make up. You are at the end of the rope.)' 라는 의미로도 종종 쓰입니다.

↘ have to ~

일반동사 **have**가 부정사구를 이끄는 to와 함께 쓰이면 '~해야 한다' 라는 뜻을 지닙니다. to부정사 다음에는 동사의 원형이 와야 하지요.

1. 긍정문에서 현재시제로 쓰일 때의 **have to**는 '의무' 나 '불가피함' 을 나타내며 must와 같은 의미를 지닙니다.

    – I *have to* go. (= I *must* go.)　　나, 가야 돼.

    – You have to take the left fork. (= You must take the left fork.)

    (갈림길에서) 왼쪽으로 갈라지는 길로 가야 해.

하지만 미국인들은 have (got) to ~를 많이 사용하며 조동사 **must**는 구어체에서는 별로 (사람에 따라 물론 사용하는 이가 있기는 하지만) 사용하지 않습니다. 강한 금지를 나타내는 must not이 그나마 must보다는 자주 사용되는 편입니다.

have 뒤에 got을 첨가한 **have got to**도 구어체에서 같은 의미로 즐겨 쓰이는 표현입니다.
– You've got to see this movie.　　너 이 영화 꼭 봐야 해.
– You've got to try this.　　너 이거 꼭 해 봐야 해.(혹은) 너 이거 꼭 먹어 봐야 해. (여기에는 안 해 보면 혹은 안 먹어 보면 후회 할걸 하는 의미도 내포되어 있지요.)

2. 부정문에서는 (do not have to) '의무가 면제됨'을 의미하여 '~할 필요는 없다' 라는 뜻을 나타냅니다. must not(~지 말아야 한다)과 같은 의미가 아니라는 것에 유의하십시오.
평서문을 부정문으로 전환하는 과정은 [준비운동]에서 상세히 보여드렸으므로 반복하지 않겠습니다. 그 부분을 건너뛰었다면 다시 돌아가서서 공부하십시오.

다음은 **have to** ~(~해야 한다)/**don't have to** ~(~할 필요는 없다)와 주어진 힌트를 사용하여 문장을 만드는 연습입니다. 그림만을 보고 문장을 만들 수 있다면 문장을 만들어 소리내어 대답해 보십시오. 아직 그림만으로는 영어로 문장을 표현하기 어렵다면 그림 아래에 나열해 놓은 힌트들을 이용하여 문장을 만들어 소리내어 말해 보십시오. 끝으로 테이프에서 나오는 답을 듣고 다시 한번 따라 하십시오. 여러 번 반복하면 더욱 좋습니다. 주어진 답은 나중에 참고하기 바랍니다.

1.

(Hint) have to - a swimming suit - wear - you - at the pool

2.

(Hint) goggles* - you - wear - not have to

* goggles도 glasses나 pants처럼 늘 복수로 써야 합니다.

3.

(Hint) tonight - have to - you - do the dishes

4.

(Hint) not have to - the table - clear - you

5.

(Hint) brush - your hair - you - have to

6.

(Hint) in a ponytail - not have to - you - it - put

7.

(Hint) have to - today - your project - you - turn in

8.

(Hint) not have to - your oral report - you - give

All the household chores

다음은 중 · 고급 독자들을 위하여 집안 일에 쓰이는 표현들을 소개한 것입니다. 초급 독자들은 일단 이 부분을 건너 뛰었다가 수준이 되었을 때 돌아와서 공부하기 바랍니다.

:: Dust the shelves.

선반의 먼지를 닦아라.

:: Polish the dining room table.

dining room 식탁을 윤이 나게 닦아라.

:: Polish all the brass fixtures.

놋쇠로 된 가구를 모두 윤이 나게 닦아라.

:: Vacuum your (bed)room before you go out tonight.

밤에 외출하기 전에 네 방을 진공청소기로 한 번 청소하고 나가렴.

:: Vacuum the living room.

거실을 진공청소기로 청소해라.

:: Please wash the living room windows for me.

거실 창문 좀 씻어 주세요.

:: Please <u>windex</u>* the sliding glass door.

이 미닫이 유리문 좀 windex로 닦아주세요.

* Windex는 미국에서 아주 흔하게 쓰이는 유리청소액의 제품이름인데 이젠 아예 동사로까지 쓰이게 되었습니다. (Windex the glass tabletop.) 말 그대로 windex를 사용해서 청소하라는 말도 되지만 굳이 windex가 아니라도 무슨 제품이든 유리청소액을 사용하여 닦으라는 의미입니다. 이와 비슷한 예는 매우 많습니다. 다른 예를 몇 가지 볼까요.

미국에서는 지역에 따라 Coke가 꼭 코카콜라만을 의미하는 것이 아니라 모든 탄산음료를 대표하는 명사처럼 (soda, pop처럼) 쓰이기도 합니다.

제품이름인 Zerox가 '복사하다'라는 동사로도 쓰이고 Kleenex tissue가 크리넥스 제품이 아닌 모든 종류의 화장용휴지에 통용되는 것을 생각하면 쉽게 이해가 될 것입니다.

또 여기서는 명사인 Windex가 동사로 쓰인 것을 볼 수 있습니다. 이렇게 명사가 동사로도 쓰이게 되는 대표적인 예로 E-mail이 있지요? E-mail me! (나한테 인터넷으로 메일을 보내라.)가 이젠 아주 흔하게 쓰이잖아요?

:: I need to do the gardening this weekend.

난 주말에 정원을 손질해야 해.

:: I will be outside gardening if you need me. *

혹시 나 찾을 일 있으면 밖에서 정원 손질하고 있을 거니까. (와서 말해.)

* I will ~ if you need me. 이 표현은 미국에서 굉장히 많이 쓰이는 유용한 말투입니다. '내가 어디에 (혹은 무얼 하고) 있을 테니 내가 필요하면 거기로 와서 찾아라'하는 말이지요.

:: I want you to go pull the weeds for me, please.

(보통 부모가 아이들에게) 가서 잡초 좀 뽑아주겠니.

:: I need you to do some work on the garden for me this weekend.

네가 이번 주말엔 정원일 좀 해 줘야겠어.

:: <u>Set the table</u>* for dinner.

저녁상 좀 차려라. (접시와 스푼, 포크, 냅킨 등을 놓는 것)

* lay the table이라는 말은 미국에서는 쓰이지 않습니다.

:: How many places should I set for tonight?

오늘 저녁엔 몇 명 분을 세팅해야 돼요? (= 수저를 몇 분 것을 놔야 해요?)

:: We are having seven people for dinner. So we need seven settings.

저녁에 일곱 명이 올거거든. 그러니까 7개의 세팅해야 해.

:: Go wash up for dinner, please.

저녁 먹게 가서 씻어라.

:: Do you like to bake?

너 빵 과자 만드는 거 좋아하니?

:: I like baking, especially cakes.

난 빵이나 과자 만드는 거 좋아해. 특히 케이크.

:: I like to bake, but I am not very good at it.

난 빵이나 과자 만드는 거 좋아하긴 하는데 그렇게 잘 만들지는 못해.

:: My Mom bakes wonderful bread.

우리 엄마가 만드는 빵은 정말 맛있다.

:: I made three <u>batches</u>* of cookies.

나 쿠키 세 판을 구웠어.

  * 과자나 빵을 오븐에서 한 번에 구워낸 양을 batch라고 부릅니다. 또 흔한 예는 아니지만 컴퓨터와 관련해서도 batch가 비슷한 의미로 쓰입니다. 프로그램을 짜거나 명령어를 입력한 후에 여러 작업을 한꺼번에 돌리는(run) 경우가 있죠? 그렇게 돌아가게 놔두고 그동안 다른 작업을 할 수 있으니 오븐에서 과자가 구워지는 동안 다른 일을 할 수 있는 것과 비슷한 상황이잖아요?
  ex. : Check the output from this batch job. 이번에 돌려서 출력해 놓은 거 확인해 봐라.

:: I want to <u>decorate</u>* the living room for Cindy's birthday.

신디 생일파티를 위해 거실을 꾸미고 싶거든.

  * 여기서 decorate는 말 그대로 '～를 장식하다'라는 뜻입니다. 색색의 장식 리본과 풍선, 그리고 '생일축하'라고 쓰인 팻말이나 배너를 달아 장식하는 것(hanging up colorful streamers and balloons, and maybe a sign or banner that says, "Happy Birthday")을 생각하시면 됩니다.

I love the way you have <u>decorated</u>* your bathroom. It looks so cute.

욕실을 아주 멋지게 꾸며 놓으셨어요. 정말 예쁘네요.

* 이때의 decorate의 의미는 방 안을 칠하고 도배하는 등(painting a room and putting up wallpaper)의 permanent interior design을 의미합니다.

I like your living room. Your <u>decorating</u> looks great!

너네 거실 참 맘에 든다. 참 잘 꾸며 놓았네.

Do <u>a load of laundry</u>* right now.

지금 당장 세탁기에 빨래 한 번 돌려라.

* 빨래의 단위는 a load of laundry, two loads of laundry 등으로 표현할 수 있습니다. 여기서 a loads of laundry 란 세탁기를 한 번 돌리기에 적당한 양을 말하는 거죠.

You need to do at least <u>two loads of laundry</u>* before you go outside to play.

너 놀러 나가기 전에 세탁기에 빨래를 적어도 두 번은 해 놓아야 된다.

I have to iron my suit before I go to work.

나 출근하기 전에 양복을 다려야 돼.

Could you <u>do the ironing</u>* for me, please?

내 옷 좀 다려 줄 수 있겠어요?

* 이처럼 do the ironing이라고 표현하면 다림질할 아이템이 한 가지 이상임을 의미합니다.

I hate doing the ironing. /I like to do the ironing.

난 다림질은 질색이야. /난 다림질하는 거 좋아해.

I have a hole in my sock (shirt). Will you sew it (up) for me?

양말 한 짝 (셔츠)에 구멍이 생겼는데. 이것 좀 꿰매 줄래?

Would you sew up my pants for me?

내 바지 좀 꿰매 줄 수 있니?

I need my pants <u>hemmed</u>*. They're too long!

바지를 줄여야 겠어. 너무 길단 말야.

> * hem은 바지의 길이를 줄일 때 쓰는 단어이고, 허리 사이즈가 커서 줄인다면 I need my pants taken in. 이라고 해야 합니다. | ex. : I just took in two inches. 내가 그냥 2인치 줄였어. |
> alter는 웨딩드레스처럼 주로 격을 갖춘 옷(formal clothing)에 쓰이는 단어입니다. 기성복은 기껏해야 길이나 허리 사이즈를 줄일지언정 alter까지 하지는 않으니까요. | ex. : I have to have it altered. |

Do you know how to sew?

너 바느질 할 줄 아니?

I know how to sew on the sewing machine.

난 재봉틀 사용해서 바느질할 줄 아는데.

My mom taught me how to knit. Do you know how?

난 엄마한테 뜨개질 배웠거든. 너도 할 줄 아니?

I knitted this sweater all by myself. It was really hard.

이 스웨터 내가 혼자서 다 떴다. 정말 힘들었어.

I knitted this blanket for my granddaughter.

이 담요 우리 손녀 줄려고 뜬 거예요.

It looks like you´re working pretty hard.

굉장히 바쁘게 일하고 있는 것 같네요.

다음 conversation의 내용을 먼저 듣고 따라 한 후, 본문을 보시기 바랍니다.

(Daniel visits an artist.)

Daniel이 예술가를 방문하다.

Daniel : It looks like you're working pretty hard. What are you making?

굉장히 바쁘게 일하고 계신 것 같은데. 무슨 작업하세요?

Artist : I am starting a painting.* Hand me that paint, please.

그림 그리길 시작하는 거야. 그 페인트 좀 나한테 건네줄래?

* I am making a painting. I am painting a picture. 라고도 할 수 있지요.

246

Daniel : Which paint? This bottle of paint?

어느 페이트요? 이 병에 담긴 페인트요?

Artist : No, the yellow tube of paint.

아니, 그 노란색 튜브 페인트.

Daniel : Here you go.

여기 있어요.

Artist : Thanks, Daniel.

고마워, Daniel.

Daniel : So, what are you going to do first?

그래, 제일 먼저 뭘 할 거예요?

Artist : I am going to start by painting the sky.
I am going to paint a purple and pink sky!

먼저 하늘을 그리려고. 자줏빛 분홍색으로 된 하늘을 그리려고 해.

Daniel : Purple and pink?

자줏빛 분홍색이요?

Artist : This painting isn´t for me.
It´s for my friend, and she likes purple and pink skies. She likes
sunsets.

이 그림 내가 가질 게 아니거든. 친구 줄 건데 그녀는 자줏빛 분홍색으로 된 하늘을 좋아하거든. 노을을 좋아하지.

I´m going to start by painting the sky.

이 섹션에서는 '**going to ~**'가 처음 소개되고 있습니다. [섹션 12]에서 언급한 것처럼 '시간의 흐름에서의 미래'를 표현하는 방법도 여러 가지입니다. 미래시제만이 '미래'를 표현할 수 있는 것은 아니며 현재시제와 현재진행시제는 물론 과거시제까지도(가정법에서)는 쓰이기에 따라 '미래'를 표현할 수 있습니다. 미래시제는 2권에서 본격적으로 다루겠습니다.

going to ~를 미래를 표현하는 조동사 **will**과 비교해 보겠습니다. 이렇게 비슷한 표현들을 비교해 보는 것은 각 표현을 더 명확하게 이해하는 데 도움이 됩니다. going to ~와 will의 의미의 차이는 미미하기는 하지만 will을 사용하면 going to ~ 보다는 말하는 사람이 좀더 확신 있게 이야기하는 느낌을 줍니다.

going to ~를 무생물주어와 함께 쓰면 '가능성'을 내포하며, 생물주어와 함께 쓰면 '의도'를 나타냅니다.

− It´s going to rain tomorrow. (가능성)　내일 비 온대.
− I´m going to quit my job. (의도)　나 지금 직장 그만두려고 해.

will은 2권에서 좀더 자세히 다루겠습니다만, '순수한 미래'를 나타낼 수도 있고 1인칭대명사와 함께 쓸 때는 주어의 '의지'를 나타낼 수도 있습니다.

− I´ll be twenty next year. (순수한 미래)　난 내년에 스무 살이 돼.
− I´ll go to a graduate school. (1인칭대명사로 의지 표현)　난 대학원에 진학해.

a purple and pink sky

본문에서 sky와 관사의 사용을 유의해 보시기 바랍니다(the sky, a purple and pink sky, purple and pink skies). 해나 달(the sun, the moon) 같은 유일물에는 the를 붙여 말해야 한다고 배우셨죠? 그러므로 우리가 공유하는 하늘도 단 하나이므로 the를 붙여서 **the sky**라고 해야 하죠.
'그런데 왜 a purple and pink sky라고 하지?' 하고 의문을 가질 수도 있습니다. 하늘이나 달 자체는 유일하므로 the sky, the moon으로 표현해야 하지만 그 앞에 purple and pink라는 수식어가 붙으면 더 이상 유일한 것을 의미하지 않기 때문입니다. 파란색 하늘도 있을 수 있고 빨갛게 물든 하늘도 있고…, 우리가 보는 하늘은 매일 순간순간이 틀리니까요.

달과 관련된 표현으로 **once in a blue moon**이란 말이 있습니다. 이 표현은 'very rarely, almost never'를 의미합니다. 파란색 달은 없는데 그럴 때나 한 번 뭘 한다는 말이니 드물게 한다는 것을 과장하는 말인 셈이죠. 그렇게 수식어가 들어가면 더 이상 유일물을 의미하는 것이 아니므로 a가 붙는 겁니다.

 | bottle과 jar, paint와 draw의 차이

bottle vs. jar 　　맥주병이나 클래식콜라병처럼 목이 좁은 병은 bottle, 땅콩잼이나 딸기잼 병처럼 위와 아래가 똑같이 넓은 통은 jar라고 합니다.

paint vs. draw 　　우리말로는 둘 다 '그림을 그리다'로 말하지만 선을 그어 그리는 것은 draw, 물감 등을 이용해 그리는 것은 paint로 구분해서 말해야 합니다.

I. 본문에서처럼 동사 look을 '~하게 보이다' 라는 뜻으로 사용할 때는 형용사나 형용사상당어구를 뒤에 위치시켜 보어로 사용해야 합니다. 형용사 상당어구라는 말은 쉽게 표현하면 형용사 꼴로 바꾼다는 말이지요.

다음의 예문들에서 like(~와 같은) 뒤에 명사나 명사절을 목적어처럼 붙여서 형용사 꼴로 만든 것에 주목하십시오. (명사절은 문장 자체가 명사역할을 하는 것을 말합니다.)

A. 다음은 'look like ~' 뒤에 문장을 이어서 말하는 연습입니다. 먼저 예문으로 연습해 본 다음, 1번부터 look like ~와 괄호 안에 주어진 문장을 이용하여 문장을 완성하십시오. 꼭 소리를 내어 말해 보기 바랍니다. 마지막으로 테이프에서 나오는 답을 듣고 다시 한번 따라 하십시오. 여러 번 반복하면 더욱 좋습니다. 답은 제일 나중에 참고하기 바랍니다.

> ex.) (look like) − (she came from the bad part of town)
>
> → *She looks like she came from* the bad part of town *.

* the bad part of town은 저소득층이 모여 사는 지역을 의미합니다. 옷을 잘 못 입거나 배우지 못한 사람처럼 행동하는 사람에게 미국인들이 이런 얘기를 하는 것을 흔히 들을 수 있습니다. 때로는 the wrong side of the tracks라고 표현하기도 합니다. 무례한 표현이지만 흔히들 쓰더군요.

1. (look like) − (you are ready to go)

2. (look like) — (it's going to rain)

____

3. (look like) — (she didn't sleep last night)

____

4. (look like) — (they are in their own world)

____

1. You look like you are ready to go. * | 2. It looks like its going to rain. | 3. She looks like she didn't sleep last night. | 4. They look like they are in their own world. **

____

* You look like you are ready to go.라는 표현은 반드시 상대방이 급히 가야 하는 것처럼 보일 때 쓰는 말은 아닙니다. 이 말이 의미하는 바는 단지 '상대방이 밖에 나갈 채비가 다 되어 있는 것처럼 보인다'는 거지요. (They may have on all their clothes to go outside.) 그렇지 않으면 내가 떠날 준비가 되기를 기다리는 것 마냥 상대방이 문 옆에 서 있을 때 할 수 있는 말입니다.

** 이 표현은 예를 들어 어떤 사람들이 자기들끼리의 대화에 완전히 몰두되어서 다른 사람은 전혀 안중에도 두지 않고 있을 때 (so intent on each other they don't notice anyone else) 쓸 수 있는 말입니다. 이 표현 자체에는 부정적이거나 긍정적인 어감이 있는 것은 아니므로 말하는 투에 따라 감정을 넣어서 말할 수는 있습니다.

B. 다음은 듣고 말하고 받아쓰는 연습입니다. 먼저 테이프를 듣고 문장을 따라 말합니다. 한 문장을 여러 번 따라 한 후, 들리는 그대로 받아쓰십시오. 받아쓰기를 한 후에 받아 적어 놓은 것과 답을 비교합니다. 발음이 들렸던 그대로 적었죠? 그렇다면 그것이 그 문장의 올바른 발음입니다. 이 받아쓰기의 목적은 문장을 제대로 다 알아들었는지 확인하기 위함이 아닙니다. 짧은 문장을 들리는 대로 받아 적어 봄으로써 여러분이 눈으로 읽고 머리로 기억해 왔던 발음이 사실은 잘못되었음을 깨닫도록 돕기 위함입니다. 여러분의 영어수준이 그리 높지 않아도 이 정도의 받아쓰기는 어렵지 않겠지만 혹 모르는 단어가 있더라도 크게 신경을 쓸 필요는 없습니다.

각 문장을 받아 적어 놓았던 대로 발음하는 연습을 하십시오.

1.

2.

3.

4.

5.

6.

7.

8.

9.

---

1. It looks like rain. | 2. You look sleepy. | 3. You look happy. | 4. They look busy. | 5. They look worried. | 6. She looks very content. | 7. She looks like a nice woman. | 8. He looks like a nice father. | 9. He looks like Harrison Ford.

Ⅱ. **Where are we going to start?**

이 표현도 미국인들이 매우 자주 쓰는 말투 중에 하나입니다. 할 일이 많아 무엇부터 시작해야 할지 모를 때에 한탄하면서 Where to begin? 혹은 Where am I going to start? 하고 말하는 것을 흔히 들을 수 있습니다.

'~부터 시작하다' 는 **start by ~ing**(동명사)나 **start with something**(명사)의 형태로 표현합니다. 전치사의 뒤에 오는 단어는 문법상 전치사의 목적어 역할을 하므로 동사인 경우는 명사로 바꾸어 동명사꼴로 써야 합니다. 이 사항을 유의하면서 다음을 연습해 보십시오.

질문 Where are we going to start?에 I'm going to start by ~ 구조를 이용하여 대답을 하는 간단한 연습입니다. 먼저 그림을 보고 1번부터 문장을 만들어 소리내어 대답해 보십시오.

그림만으로는 아직 영어로 표현하기 어려운 초급 독자들은 힌트를 이용해서 문장을 만들어 소리내어 말해 보십시오. 끝으로 테이프에서 나오는 답을 듣고 다시 한번 따라 하십시오. 여러 번 반복하면 더욱 좋습니다. 답은 제일 나중에 참고하기 바랍니다.

Question) Where are we going to start?

(Hint) wash the dishes

1. ________________________________

(Hint) clean the windows

2. __________________________

(Hint) get rid of junk food

3. __________________________

(Hint) shovel the sidewalks

4. __________________________

* 사람들이 다이어트를 시작하기로 결심하고 나서 주로 하는 말이지요.

** 퍼듀대학이 있는 인디애나 주를 비롯한 midwest의 겨울은 지루하게 길고 매섭습니다. 눈을 치우고 차창에 낀 얼음을 벗겨내는 것은 흔한 겨울 아침의 일상이지요. 이 표현은 아주 유용하기 때문에 뒤에 이어서 쓸 수 있는 표현을 함께 소개하도록 하겠습니다.

- Then I will start my car.　　그런 다음에 차에 시동을 걸고
- Next I'll brush the snow off my windows.　　그 다음 창문의 눈을 쓸어낸 다음
- Then I'm going to scrape the ice off my windows.　　창문에 얼어붙은 얼음을 벗겨내야지.

1. I'm going to start by washing the dishes. | 2. I'm going to start by cleaning the windows. |
3. I'm going to start by getting rid of junk food. * | 4. I'm going to start by shoveling the sidewalks. **

254

액센트, 'w'와 'c'의 발음

1. 액센트

영어발음의 핵심은 단어 하나하나를 명확하게 소리내되 액센트를 제대로 두는 데에 있습니다. 의미를 전달하는 데 주요한 역할을 하는 단어들은 강하게 발음하고 상대적으로 그 역할이 중요하지 않은 단어들은 빠르고 약하게 말하면서 액센트가 생기게 됩니다. 말할 때에도 액센트를 제대로 살려야 상대방이 알아듣기 쉽고 듣는 입장에서도 영어의 액센트(리듬)에 익숙해 있어야 훨씬 쉽게 이해가 갑니다.

2. wash의 /w/ 발음

wash의 w를 발음할 때는 입술을 아주 조그맣고 동그랗게 오므렸다가 크고 동그랗게 벌리셔야 합니다. 우리말에서는 구분이 없는 발음인 **the**와 **dishes**의 d가 연이어 있습니다. 같은 발음이 아니므로 혀를 좀더 바쁘게 움직여야겠죠? 잘 안 되면 틈이 날 때마다 연습하세요!

3. clean의 /c/ 발음

엄밀히 말하면 **clean**의 c는 우리말의 /ㅋ/와 정확히 동일한 발음이 아닙니다. 우리가 /ㅋ/을 발음할 때는 목에서 '으으' 혹은 '이이' 하고 소리를 내지만 /k/에는 그렇게 질질 끄는 소리 없이 입안의 구조만을 이용해서 내는 소리입니다. 또 /ㅋ/은 우리말에서 격음이 아니기 때문에 약하게 발음하지만 /k/는 마치 우리말의 격음처럼 강하게 내는 소리입니다. **clean**의 /l/도 우리말의 /ㄹ/ 두 개가 겹쳤을 때처럼 혀를 튕겨 경쾌하게 내야 하는 발음입니다. 이때 혀를 치아 뒤의 입천장에 살짝 갖다대면서 튕기는 것을 잊지 마세요.

미술에 관한 대화에서 흔히 사용되는 표현들

다시 한번 강조하지만 다음은 다시 기초를 다지는 중·고급 독자들을 위한 부록입니다. 초급 독자들은 나중에 이런 표현들을 공부할 수준이 될 때 언제든지 돌아와서 표현을 익힐 수 있습니다.

:: Which medium do you like the best : sculpture, painting, photography, drawing or something else?

너는 조각이나 회화, 사진, 데생, 아니면 다른 거라도 어떤 매체를 가장 좋아하니?

:: I really love sculpture.

난 조각이 정말 좋아.

:: Why don't we go upstairs and see the sculpture display?

우리 위층에 가서 조각 전시 볼까?

:: I have been studying African Art in school.

난 학교에서 아프리카 미술을 배우고 있거든.

:: I see there is an African art show (= exhibit) at the museum this week.

이번 주말에 박물관에서 아프리카 미술 전시회가 있더라.

:: Do you want to go with me? (I'd love to go!)

나하고 같이 갈래? (나, 가고 싶어!)

:: Wow, look at all these awesome paintings.

야, 이 멋진 그림들 좀 봐.

I want to look around this room for a while. Is that okay with you?

나 이 전시실을 잠깐 둘러보고 싶은데. 괜찮겠니?

Yes, I would like to look around in here, too.

응, 나도 여기 둘러보고 싶어.

You know, I don't really like this stuff.

너도 알다시피 난 이런 것들 별로 안 좋아하잖아.

Do you want to go to a different exhibit?

다른 전시실로 갈까?

This is my favorite painting. It is by Picasso. He painted this during his Blue* Period.

이거 내가 좋아하는 그림이야. 피카소 작품인데. 그가 파란색 물감을 주로 쓰던 시기에 그린 작품이야.

* 참고로 blue는 '우울'을 상징합니다.

I love the style of this painting.

이 그림 화풍이 정말 맘에 들어.

I like Van Gogh better. He used much thicker paint.

난 반 고흐가 더 좋아. 고흐는 훨씬 물감을 두껍게 쓰지.

In his later years he used really vibrant colors.

그러다 말년에는 정말 생동감 있는 색깔을 사용했거든.

His paintings can be sad, though, especially if you know about his tragic life.

하지만 고흐 그림은 좀 슬플 때도 있어. 그의 비극적인 삶을 생각하면 특히 더 그래.

Do you want to look at the photography exhibit?

너 사진 전시 보고 싶니?

:: The museum is displaying all women's work this month.

박물관에서 이달에는 여성 작가들의 작품만 전시하고 있어.

:: Oh, the contrast on this one is beautiful.

야, 이 작품 명암 대비가 참 아름답다.

:: What is this picture of*? I can't <u>tell</u>.** Maybe it is part of a tree?

이게 무슨 사진이지? 분간이 안 되는 걸. 나무의 일부인가?

> * 교육을 상당히 받은 미국인들은 문장이 전치사로 끝나는 것을 별로 안 좋아하기 때문에 **What's in this picture? What's the subject of this picture?**가 좀더 정확한 표현이라 하겠지만 일반인들이 하는 말에는 전치사로 끝나는 문장이 굉장히 많다는 것을 알아두세요.
>
> ** **tell**에는 '~를 분간, 식별하다'라는 뜻도 있다는 것 알고 있죠?

:: I like black and white photography the best. Do you?

난 흑백사진이 제일 좋더라, 너도 그러니?

258

Don´t drop it!

떨어뜨리겠어요!

다음 conversation의 내용을 먼저 듣고 따라 한 후, 본문을 보시기 바랍니다.

(The artist gives her friend the painting.
 Now the friend and her husband have to decide where to put it.)

예술가는 친구에게 그림을 준다. 이제 그 친구와 그녀의 남편이 그림을 어디에 걸지 결정을 해야 한다.

Husband : What are you going to do with that painting?

그 그림 어떻게 하려고 해요?

Wife : I am going to put it (= hang it) behind the couch.

저 소파 뒤에 걸려고요.

Husband : No. Don't do that. Give it to me.

아네요. 그러지 말아요. 그거 이리 줘요.

Wife : What are you going to do with the painting?

(그림을) 어떻게 하려고요?

Husband : I am going to put it here, near the window.

여기 창문 가까이에 걸려고요.

Wife : Oh, be careful! Don't drop it!
Oh, I don't like it there. Please don't put it there, Honey.
Hang it near the entrance (= the front door).

어, 조심해요! 떨어뜨리겠어요! 아이, 난 거기 마음에 안 들어요. 여보, 거기에 걸지 말아요. 현관 가까이에 걸어요.

Husband : Oh, Good! We got it! It is a beautiful painting.

아, 좋다. 이제 됐다! 참 아름다운 그림인 걸!

Wife : Yes, I love it. It's very special.
I love the pink and purple colors in the sky!

네, 난 이 그림 정말 마음에 들어요. 아주 특별한 거니까요. 저 노을지는 하늘색이 정말 맘에 들어요.

I'm going to ~ 로 시작하는 평서문을
What are you going to do?로 바꾸는 문장구조 변환 연습

① 먼저 평서문의 형태로 문장을 봅시다. → **I'm going to <u>work out</u>.** *

② 밑줄 친 부분을 몰라서 질문하는 거죠? 무엇을 할거냐고 묻는 거니까 다음과 같이 바꿉니다.

　　→ **[I'm going to <u>do what</u>?]** **

③ 의문문에서는 의문사가 제일 처음에 와야 하므로 자리를 옮깁시다.

　　→ **[What <u>I am</u> going to do?]** **

④ 다음은 기능동사가 주어 앞으로 와야 하죠? → **What am I going to do?**

⑤ 상대방에게 물으려면 인칭을 바꾸어야 하겠지요. → **What are you going to do?**

　* work out은 에어로빅이나 근육운동, 심박운동 등을 한다는 뜻입니다.
** 변환하는 도중의 문장은([ ] 안의 문장) 과정을 설명하기 위하여 보여 준 것이지 완성된 문장이 아니
　　므로, 올바른 표현이 아닙니다.

I. 다음은 '**Don't ~**' 와 '**Please do ~**' 의 명령문 연습입니다.

먼저 그림을 보고 1번부터 문장을 만들어 소리내어 대답해 보십시오. 아직 그림만을 보고 영어로 표현하는 것이 어려운 초급자들은 힌트를 이용해서 문장을 소리내어 말합니다. 힌트는 주요 단어만을 제공하였습니다. 필요하다면 관사나 전치사도 이용하여 문장을 완성해야겠지요? 끝으로 테이프에서 나오는 답을 듣고 다시 한번 따라 하십시오. 여러 번 반복하면 더욱 좋습니다. 주어진 답은 제일 나중에 참고하기 바랍니다.

1.

(Hint) walk - grass

(Hint) stay - sidewalk

2.

(Hint) run - building

(Hint) watch - step

____

____

3.

(Hint) rollerblade - parking lot

(Hint) rollerblade - bike path

____

____

4.

(Hint) chew gum - class

(Hint) pay attention

____

____

5.

(Hint) wear - hat - restaurant

(Hint) take off / remove - hat

____

____

6.

(Hint) forget to - take off - shoes

(Hint) wipe - feet

1. Don´t walk on the grass. Please stay on the sidewalk. | 2. Don´t run inside the building. Please watch your step. |
3. Don´t rollerblade in the parking lot. Rollerblade on the bike path. | 4. Don´t chew gum during class * . Please pay attention. |
5. Don´t wear a hat at a restaurant. Please remove your hat. Take your hat off. * * |
6. Don´t forget to take your shoes off. Please wipe your feet. |

* **during class**는 수업중을 의미합니다.

* * 주로 남자들이 쓰는 야구모자를 cap이라고 하며 hat이 일반 남녀모자를 칭하는 단어입니다. 레스토랑 등에서 모자를 쓰고 있는 것은 무례한 행동이지요. 위의 표현은 특정한 레스토랑에서의 예의가 아니라 일반적인 레스토랑에서의 예의를 말하는 것이므로 the를 쓰지 않고 a restaurant이라고 한 것입니다.

II. 다음은 **What are you going to do?**에 답하는 연습입니다.

먼저 그림을 보고 1번부터 문장을 만들어 소리내어 대답해 보십시오. 아직 그림만을 보고 영어로 표현하는 것이 어려우면 힌트를 이용해서 문장을 소리내어 말하십시오. 힌트는 주요 단어만을 제공하였습니다. 필요하다면 관사나 전치사도 이용하여 문장을 완성해야겠지요? 끝으로 테이프에서 나오는 답을 듣고 다시 한번 따라 하십시오. 여러 번 반복하면 더욱 좋습니다. 답은 제일 나중에 참고하기 바랍니다.

(Hint) work out

1. ________________________________

(Hint) get - coffee

2. ________________________________

(Hint) study - library

3. ________________________________

(Hint) ask out - on a date - him

4. _______________________________________

(Hint) run - errands

5. _______________________________________

---

* ask someone out on a date 하면 '～에게 데이트 신청을 하다'는 말입니다.

** I'm going to run some errands.

영한사전에 run errands의 의미가 '심부름하다'로 나와 있기 때문에 그 뜻을 제대로 모르고 사용하는 사람들이 많습니다. 이 표현은 '심부름하다'는 의미로 한정되어 쓰이는 것이 아니라, '자신이 하루에 처리해야 하는 모든 일'을 일컬어 미국인들이 즐겨 쓰는 표현입니다. 예를 들어 은행이나 우체국, 서점에 가고 자동차나 카메라 수리하러 가고 애들을 차로 학교에 데려다 주며 물건을 사러 가는 일 등의 모든 일을 처리한다는 말을 이처럼 표현하는 것입니다.

1. I'm going to work out. | 2. I'm going to get some coffee. | 3. I'm going to study at the library. | 4. I'm going to ask him out on a date. * | 5. I'm going to run some errands. **

벽에 그림을 걸 때 오갈 수 있는 대화

(Two roommates hanging a poster [framed picture/painting] on the wall.)

벽에 포스터(그림)를 걸고 있는 룸메이트 두 명.

A : Do you think we should hang this picture in the living room?

이 그림 거실에 거는 게 좋을까?

B : Yes, I think that′s a good place for it. The colors will match our couch, too.

응, 거기가 좋겠는걸. 색깔도 우리 소파하고 맞을 거고 말야.

A : Okay, I will hold it and you tell me if it looks straight. Is this okay?

좋았어. 내가 잡고 있을게, 이게 똑바른지 말해 줘. 됐니?

B : No, it looks funny because it′s off center. I think it should be in the middle of wall - directly over the couch.

아냐, 중심에서 벗어나서 좀 이상해. 그게 벽의 중간부분에 있는 게 좋겠어. 소파 바로 위에 말야.

A : Yes, you′re right. How about now? Does it look good?

그래, 네 말이 맞다. 지금은 어떠니? 괜찮아 보여?

B : Well, that′s a better position. But now it′s crooked.

음, 그 위치가 더 낫기는 한데, 이제는 비뚤어졌어.

A : Which way do I need to move it?

어느 방향으로 움직여야 되냐?

B : Move the top right corner down. It′s too high.

오른쪽 위 모서리를 약간 내려 봐. 거기가 너무 높거든.

A : Is it okay now?

이제 됐니?

B : I think so. It looks pretty straight. I′ll mark where it is with a pencil.

그런 거 같아. 거의 똑바로 된 거 같아 보여. 내가 그 위치 연필로 표시해 놓을게.

A : I′ll go get a little nail and my hammer.

난 작은 못하고 망치 가져와야겠다.

B : (They put the nail in the wall in the correctly marked spot. Then they mark sure
    the picture looks straight [again].)

둘은 알맞게 표시한 부분에 못을 박는다. 그런 다음 그림이 똑바로 되었는지 (다시) 확인한다.

A : It looks really good there.

그거 거기에 정말 잘 어울린다.

B : Yea, it does. I am glad we picked out this picture for our apartment.

정말 그러네. 우리 아파트에 걸려고 이 그림 고른 거 정말 잘했다.

I have a loaf of bread, some soap, a piece of cheese…

빵 한 덩어리, 비누, 치즈 등이 있어.

(Amy gets back from the grocery store.)

에이미가 슈퍼에서 돌아온다.

Nancy : Hi, Amy. What do you have? What are in the bags? I´m hungry!

안녕, 에이미. 뭐 사왔어? 봉지 안에 뭐야? 아 배고파!

Amy : Hold on, Nancy. I have to put the bags on the counter first.
Okay. I have a loaf of bread, some soap, a piece of cheese, a
chocolate bar··· But please don´t eat that! It´s for me.

서두르지 말아, 낸시. 먼저 봉지들이나 조리대에 올려놓고. 됐다. 뭐가 있냐 하면··· 빵 한 덩어리, 비누, 치즈, 초콜릿 바,
근데 그건 먹지마. 그건 내 꺼야.

Nancy : Is there any milk in the bag?

우유도 있어?

Amy : Yes, a gallon of milk, some sugar, some cans of juice…

응, 우유 한 갤런하고 설탕, 캔주스들…

Nancy : Is there any coffee?

커피도 있고?

Amy : Yes, a lot of coffee! Some tea, too, and some <u>veggies.</u>*

응, 커피 아주 많아. 티도 있고 야채도 좀 있고.

* 미국에서는 vegetables를 줄여서 veggies라고 흔히 말합니다.

Nancy : Is that bagel for me?

그 베이글 내거니?

Amy : Yes, here is a bagel for you.

그래, 네 베이글 여기 있다!

Nancy : Thanks, Amy!

고마와, 에이미!

Hold on, Nancy.

hold on에는 본문처럼 서두르지 말라는 의미(Stop and think. You need to slow down.) 외에 꿈을 잃지 말라는 의미도 있습니다. (Hold on to hope. Try to keep going.) 또한, **Hold on tight.**라고 하면 꿈을 꼭 간직하라는 의미도 되는 반면, 말 그대로 (밧줄 같은 것을) 꽉 붙잡으라는 말도 됩니다.

I have a loaf of bread, some soap, a piece of cheese…

영어에서 단어와 문장을 나열할 때는 'a, b, c, and d' 하는 식으로 마지막 단어 앞에 **and**를 첨가하여 끝맺음을 하는 것이 정석입니다. 본문에서 Amy가 사온 물건을 나열하면서 **and**로 마무리하지 않은 것은 한참 나열을 하는 도중에 상대방이 말을 시키거나 다른 말을 했기 때문이지, 나열이 끝난 것이 아니기 때문입니다.

It′s for me. Here is a bagel for you.

이 두 표현도 아주 쉬운 표현들이면서도 우리 입에는 별로 익숙하지 않은 말입니다. 혹시 It′s mine. Here is your bagel. 하는 표현이 더 익숙하지 않습니까? **for someone**(~를 위한 것)이라는 표현이 우리말에는 영어에서만큼 흔하게 쓰이지 않아서 어색하게 느껴지는 것 같습니다.

우리가 늘 쓰는 말투의 한계를 벗어나 좀더 다양한 방식으로 생각을 표현할 수 있으려면 이와 같이 우리말에서는 약간 어색한 구조들에도 익숙해져야 합니다. bagel을 발음할 때는 [섹션 4]에서 강조한 발음 끝처리에 유의하세요!

↘ 한국식 사고방식과 영어식 사고방식

본문의 상황처럼 친구가 무언가를 사가지고 왔을 때 우리나라 사람들은 What is that? 혹은 What are those? 하고 묻는 경우가 많습니다. 아마도 우리말로 '그게 뭐니?' 라는 말을 직역해서 그렇게 말하는 듯합니다. 그렇게 말해도 큰일이 나지는 않겠지만 정확한 의미전달은 되지 않습니다.

What is that? 혹은 What are those?라는 말은 어떤 사물(들)이 무엇인지 모르거나 혹은 어떤 사람(들)이 뭘 하는 사람들인지 모를 때 묻는 말입니다.

우리말의 '그게 뭐니?' 에는 What is that? 혹은 What are those?의 의미도 있지만 그 밖에도 여러 가지 다른 의미를 내포합니다. 예를 들어, 본문에서처럼 '그 안에 들은 게 뭐냐, 네가 갖고 있는 게 뭐냐' 라고 할 때도 쓸 수 있고 '뭐 이런 걸 사왔니?' 하는 의미로도 쓰일 수 있으며 때로는 상대방을 질책하는 의미로도 쓰입니다.

본문에서처럼 '그게 뭐니?' 의 의미가 '그 안에 들은 게 뭐냐' 일 때는 **What do you have?**

What are in the bags? 라고 말해야 그 뜻이 정확해집니다.

[섹션 8]에서도 강조한 것처럼, 영어로 생각을 제대로 표현하려면 말하려는 진의를 정확히 표현해야 합니다. 그렇게 생각하고 말하는 것이 습관으로 굳어질 때까지는 의식적인 노력이 필요합니다. 한국 사람이 한국식으로 생각하는 것은 너무나 당연한 일입니다. 마찬가지로 영어를 쓸 때는 그 사고방식으로 생각을 하거나 표현하려는 생각의 진의를 분명하게 따져 보고 말해야 내가 전달하고자 하는 바를 제대로 전달할 수 있습니다.

평서문에서 기능동사 do를 사용한 의문문으로의 문장구조 변환 연습

이 섹션에서는 일반동사를 사용한 의문문(What do you have?)이 소개되었습니다. 기능동사 do가 있는 의문문에 익숙해지도록 평서문이 의문문으로 바뀌는 과정을 살펴보겠습니다.

① 먼저 평서문의 형태로 문장을 봅니다. → **I have some tea and some sugar.**

② 이 경우 이렇게 'I'라는 대답을 얻으려면 you로 물어봐야 겠죠?

　 → **[You have <u>some tea and some sugar</u>.]**＊

③ 알고 싶은 내용은 밑줄 친 부분이니까 의문사로 바꾸어야 하겠죠? 밑줄 친 부분이 문장에서 목적어이므로 사물을 받는 의문대명사가 필요합니다. → **[You have <u>what</u>?]**＊

④ 의문문에서 의문사의 위치는 언제나 처음에 와야죠. → **[<u>What</u> you have?]**＊

⑤ 동사가 주어 앞으로 와야 하는데 일반동사 have는 기능동사가 아니므로 기능동사 do의 도움을 받아야 하겠지요? 의문문이므로 do가 본동사 대신 주어 앞에 옵니다. 문장의 주어가 과거도 아니고 3인칭 단수 현재도 아니므로 do의 형태변화는 없습니다. → **What do you have?**

의문문이 눈에 설어서 어색할 때마다 평서문에서 의문문으로 바꾸는 연습을 하면 그 문장구조가 확 와 닿게 됩니다. 연습을 거듭하면 어느 순간, 한눈에 문장변형이 되는 날이 올 것입니다.

＊ 평서문에서 의문문으로 변환하는 도중의 문장은([ ] 안의 문장) 과정을 설명하기 위하여 보여준 것이지 완성된 문장이 아니므로, 올바른 표현이 아닙니다.

본문에서의 용례처럼 **some**은 긍정문에서 '어느 정도의, 약간의' 라는 의미로 쓰이며, 셀 수 있는 복수명사 앞에 올 수도 셀 수 없는 명사 앞에 올 수도 있습니다. 의문문과 부정문에서는 any로 대치되지만 권유하는 문장에서는 any와 some이 둘 다 쓰입니다. 다음의 보기를 보고 빈칸에 (ex. : a/an, any, some) 알맞은 단어를 넣으십시오. 테이프를 따라 소리내어 연습한 후에 답을 확인하십시오.

---

ex.) There's _a_ picture on the desk. Is there _any_ milk in the bottle?

There isn't _any_ milk in the bottle. There's _some_ milk in that cup.

---

1. Do you have __________ pets?

2. I have __________ pet.

3. I don't have __________ pets.

4. There are __________ cats out there.

5. We bought __________ apples today.

6. I have __________ apple.

7. I don't have _________ apples.

8. Do you have _________ apples?

9. I ordered _________ fries.

10. Would you like _________ cookies?

11. There's _________ coffee on the table, too.

12. Is there _________ bread in the house?

13. Is there _________ ice cream?

14. I have _________ sand in my swimming suit.

15. I have _________ water in my ear.

셀 수 없는 명사 세기

셀 수 없는 명사들도 단위를 이용하면 셀 수 있습니다. 다음은 그 중 몇 가지 예입니다.

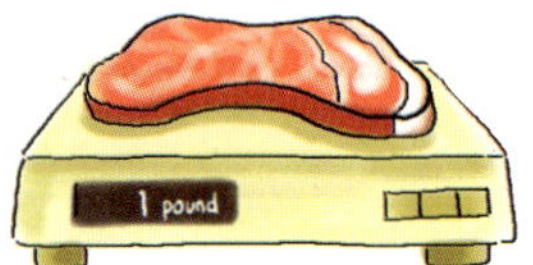

a pound of meat

a loaf of bread

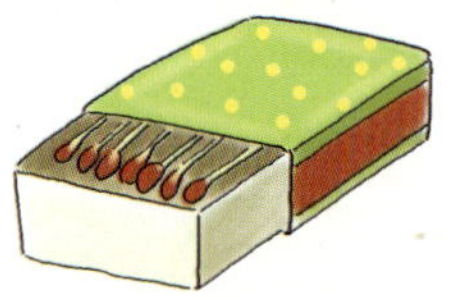

a box of matches

a bar of soap

a can of peach halves

a roll of films

a tube of toothpaste

a jar of jam

a package of rolls *

a dozen eggs *

* 한국에서는 계란을 10개들이로 묶어서 판매하지만, 미국에서는 6개, 12개, 18개 등의 단위로 팝니다.

a bottle of lemonade *

* 레모네이드를 병에 들어 파는 경우에는 위와 같이 말하지만 미국에서 냉동 레모네이드는 보통 캔으로 나옵니다. (If it is frozen lemonade, it usually comes in a can.)

TIP | ## 버터 · 마가린의 단위

서양 조리법을 보면 **a stick of butter/margarine**이라고 써 있는 경우가 많은데 버터가 어떤 포장으로 판매되는지 알면 이해가 쉽습니다.

버터는 언제나 파운드 단위로 (butter comes in a pound.) 판매되는데 큰 덩어리 한 개로 나오기도 하고 상자 안에 막대기 모양으로 된 1/4파운드짜리 스틱 4개가 들어 있기도 합니다. 마가린은 덩어리로는 나오지 않고 언제나 스틱으로 나뉘어져 판매됩니다. 그러므로 **a stick of butter**는 one quarter pound stick을 사용하라는 말이지요.

↘ come의 사용

앞 페이지에 사용한 **come in**은 미국인들이 일상생활에서 참으로 자주 쓰는 come의 용례입니다. 대개 색깔이나 사이즈, 천 재료, 디자인 등을 언급할 때 쓰이는 표현이죠. 익혀두면 아주 유용하게 쓸 수 있습니다.

- It _comes in_ small, medium, or large.   이건 대, 중, 소 세 가지 사이즈로 나와요.
- It _comes in_ cotton or wool.   이건 면으로 된 것과 울로 된 것 두 종류가 있습니다.
- It _comes in_ solid color or floral pattern.   이건 단색하고 꽃무늬 두 종류로 나와요.
- This sweater _comes in_ three colors.   이 스웨터는 세 가지 색깔이 나와 있는데요.
- These jeans _come in_ several styles.   이 청바지는 여러 가지 스타일로 나와요.
- Milk _comes in_ a gallon.   우유는 갤런 단위로 팔아요.

다음과 비교해 보세요!
- My car _came with_ a five-year warranty.   내 차는 구입한 날부터 5년 동안 보증되어 있어.
- My car _came with_ leather seats.   내 차는 뽑을 때부터 가죽시트로 되어 있었어. (여기서 seat는 복수로 말해야합니다. 자동차 내부에 좌석이 한 개만 있는 게 아니니까요.)
- She _comes in_ a car.   그녀는 차로 와요. (버스를 타고 온다던가 하지 않고 자동차로 온다는 말이지요.)
- Winter _comes in_ November.   겨울은 11월에 옵니다.

Can you see them?

보이니?

다음 conversation의 내용을 먼저 듣고 따라 한 후, 본문을 보시기 바랍니다.

(Amy and her roommate, Nancy, relax at their apartment.)

Amy와 그녀의 룸메이트인 Nancy가 아파트에서 쉬고 있다.

Nancy : Amy, can you heat up some water for me?

Amy, 물 좀 끓여 줄 수 있겠니?

Amy : Sure. For what?

물론이지. (근데) 뭐하게?

Nancy : I want tea. Do you want some, too?

차 좀 마시려고. 너도 마실래?

Amy : Sure, I like tea. Where do you keep your tea bags?

그거 좋지. 나 티 좋아해. 티백은 어디 있니?

Nancy : In the cupboard by the cereal. Can you see them?

찬장 안 cereal 옆에. 보이니?

Amy : No.

아니.

Nancy : Maybe it´s behind the cereal.

cereal 뒤에 있을지도 몰라.

Amy : Oh yes, there it is! Good grief, you have a lot of cereal (boxes)!

어 그래, 저기 있다! 어휴, 세상에 너 무슨 cereal이 이렇게 많냐!

Can you heat up some water for me?

위의 문장을 다르게 표현해 보았습니다.

– Could you boil water for me?　　물 좀 끓여 줄래요?

– Could you put the teakettle on for me?　　불 위에 차주전자를 올려 줄래요?

– Could you heat up the water in our teapot?　　차주전자에 물 좀 끓여 줄래요?

– Could you put a cup of water in the microwave for me?

　　전자렌지에 물 한 컵 넣고 데워 줄래요?

For what?

말 그대로 '무엇을 하려고, 무슨 목적으로?' (= Why?, What for?)의 의미입니다.

- _What_ are you going to the city _for_?　　그 도시에는 무엇을 하러 가는데?

- _What_ do you need this _for_?　　너 무엇을 하는데 이게 필요하니?

- _What_ do you use this _for_?　　넌 이것을 무엇 하는 데 쓰니?

Sure, I like tea.

단순한 표현을 사용하기 위해 이와 같이 했지만 좀더 다양하게 표현하면 다음과 같습니다.

- I would really like some.　　나도 정말 마시고 싶은 걸.

- I like to drink tea while I study.　　공부할 때 차를 마시면 좋더라구.

- I like tea. It helps me relax.　　나 티 좋아해. 마음이 편안해지거든.

- Yea, that would be nice.　　응, 그럼야 좋지.

There it is!

[섹션 2]에서 **Here it is. Here is your coat.** 등 비슷한 구문을 다루었던 기억이 나실 겁니다. there을 사용한 이 표현은 약간 떨어져 있는 것을 가리켜 '저기 있네' 라는 의미로 쓰입니다. 셀 수 있는 복수명사를 가리켜서는 **There they are!**라고 해야겠지요. 본문과 같은 상황에서 **Oh, I found it. It was hidden behind all the cereal boxes.** (어, 찾았다. cereal 박스들 뒤에 숨어 있었네.) 하고도 말할 수 있겠습니다.

Good grief!

놀라움을 나타내는 감탄사입니다. 좋은 의미의 놀라움을 나타낼 수도 있고 어떤 것에 격앙했을 때 내뱉는 감탄사로 쓰일 수도 있습니다.

can을 '요청'이나 '허가'의 의미로 쓸 때는 과거형 **could**로 대치하면 좀더 정중한 표현이 됩니다. 조동사의 과거형이 더 정중한 표현을 나타내는 이유는 바로 <u>가정법시제를 나타내기 때문</u>입니다.

많은 사람들이 가정법을 아주 어렵고 골치 아프다고 여기지만, 미국인과 단 하루만 같이 지내도 가정법이 일상생활에서 얼마나 흔히 쓰이는지 금세 깨달을 수 있습니다. 조동사의 과거형을 쓰면 상대에게 **if**의 가정 아래 말하는 것이 되어 상대에게 강요하는 느낌을 주지 않아 부탁받는 사람의 마음을 편안하게 해 주는, 아주 정중한 부탁이 되기 때문입니다.

우리나라 사람들은 '**could you ~**'나 '**would you ~**' 등이 정중한 표현이라고 말하면 마치 어른들에게만 써야 하고 친구들에게 쓰기에는 지나치게 정중한 말이 아닌가 하고 생각하는 사람들도 있더군요. 그것은 우리와 다른 영어권의 언어문화를 이해하지 못해서입니다.

사실 영어에는 우리말처럼 존댓말과 반말이 구분되어 존재하지 않습니다. 윗사람이나 연장자에 대한 말투와 아랫사람이나 친구들에게 하는 말투에 특별한 구분이 없다는 말이지요. 가정법을 사용한 정중한 표현은 윗사람뿐 아니라 친구들 사이에도 사용하면 기분을 좋게 만드는 말투입니다.

구어체 영어의 말투를 구분하면 격을 갖춘 영어(formal code)와 격을 갖추지 않은 영어(informal code)로 나뉩니다. 격을 갖춘 영어는 학술적인 논문이나 공적인 문서, 교과서 등에서 쓰이는 문어체와 별반 차이가 없습니다. 격을 갖춘 영어의 특징은 어려운 어휘와 문장구조가 사용되며 비교적 앞뒤 상황을 알지 못해도 표현 자체만으로도 명확한 의미가 전달된다는 것입니다. 반면에 격을 갖추지 않은 영어는 대화 상대방 간의 이해와 경험을 바탕으로 하여 비교적 쉬운 단어를 사용하고 제스처나 액센트의 비중이 큰 것이 특징입니다.

말하자면 공적인 발표 등에서 사용되는 격을 갖춘 영어가 standard English입니다. 하지만 미국에서는 지위의 고하를 막론하고 거의 모든 사람들이 일상대화에서는 격을 갖추지 않는 영어 사용하므로 이 두 구어체영어가 똑같이 중요합니다.

지금은 어떤지 몰라도 과거 우리나라 학교에서의 영어는 격을 갖춘 영어 일색이었기 때문에 유학이든 여행이든 아니면 비즈니스 때문이든 미국으로 건너가 informal English에 갑자기 부딪쳐야했던 사람들은 무척이나 혼란스러웠을 것입니다. 그나마 영어가 들리지도 않아서 헤매고 있는 데다 사람들이 쓰는 말이 온통 들어보지도 못한 표현들 투성이었을테니까요.

일반인도 마찬가지지만 공부를 하는 사람들에게는 이 두 가지 영어가 똑같이 필요합니다. 학술회의 등의 연구발표나 지적인 대화에서는 격을 갖춘 영어를 사용해야 하지만 (이 경우에도 두 가지 영어를 섞어 사용합니다.) 수업시간의 토론은 물론이고 교수의 수업조차 격을 갖추지 않은 영어로 진행되는 경우가 허다하기 때문입니다.

※ 조동사의 과거형과 가정법에 대해서는 2권에서 상세하게 다루어집니다.

 Keep과 hold의 사용

종종 keep을 hold와 혼동하여 쓰는 사람들이 있습니다. 사람들이 흔히 저지르는 실수를 하나 예로 들어보겠습니다. 쇼핑가서 옷을 고르다 보면 썩 괜찮은 옷을 찾기는 찾았는데 가격이 안 맞는다거나 다른 이유로 좀더 돌아보고 와서 확실하게 살지, 안 살지를 결정하고 싶을 때가 있습니다. 그런데 마침 그게 마지막으로 달랑 하나 남은 품목일 경우가 있죠. 그럴 경우에 옷가게 점원에게 잠깐만 혹은 다음날까지만 그 물건을 팔지 말아달라고 부탁을 하고 싶을 때가 있죠? 이때 Can you keep it for me? 하고 keep을 사용하는 사람들이 있습니다. 이때는 **hold**(set it aside)를 사용하는 것이 정확한 표현입니다.

- Could you put that on **hold** for me?

  이거 (제가 다시 올 때까지) 팔지 말고 따로 두실 수 있겠습니까?
- They will **hold** the shirt at the store until tomorrow.

  그 가게에서 내일까지는 셔츠를 안 팔고 따로 둘 거예요.

그럼 **hold**와 **keep**이 쓰이는 용례를 몇 가지 보면서 뜻을 비교해 보십시오.

- I'm **holding** the picture.　　내가 사진 들고 있을게.
- I'm **keeping** the picture.　　내가 이 사진 갖는다.

286

– I will **hold** your puppy for you.　　네 강아지 내가 안고 있을게.

– I will **keep** your puppy for you. (while you are on vacation.)

　네 강아지 내가 기르고 있을게. (네가 휴가가 있는 동안.)

– She **holds** her sister's baby.　　그녀는 언니의 아기를 안습니다.

– He **holds** the plate carefully.　　그는 조심스럽게 접시를 듭니다.

– He **holds** the door for me.　　그는 문을 연 후 나를 위해 문을 잡아줍니다.

– She will **keep** the car.　　그 여자분 그 차를 (그냥) 갖고 있을 겁니다. (팔지 않고)

– He will **keep** the shirt.　　그이가 그 셔츠 가질 거예요.

– Could you loan me your dictionary? When do you need it back?

　네 사전 좀 빌려 줄래? 이거 언제까지 돌려 줘야겠니?

　You can **keep** it.　　그거 네가 그냥 가져도 돼.

keep은 종종 소유(possession)를 암시하는 반면, **hold**는 소유와 관련이 없다는 차이를 발견하셨습니까? hold에는 '~을 잠깐 손으로 잡다, 안다' 라는 뜻이 있을 뿐 <u>물건의 소유가 한 사람에서 다른 사람으로 옮겨가지는 않습니다.</u> hold가 명사로 쓰일 때의 '보류, 예약' 등의 뜻은 동사 의미의 연장선상에서 보면 일맥상통함을 알 수 있습니다.

위의 쇼핑의 예로 다시 돌아갑시다. **Can you keep it for me?** (이것 좀 보관해 주시겠어요?)와 같은 표현은 돈을 지불한 후 일단 그 물건이 내 것이 된 다음에야 할 수 있는 말입니다. 짐을 들고 다니기가 불편해서 가게주인에게 거기서 산 물건 좀 잠깐 맡아달라고 할 때 흔히 쓰는 표현이죠. 물건도 안 산 상태에서 내 것이 아닌, 가게 물건을 향해 **keep**해 달라고 하면 우스꽝스러울 수밖에 없겠지요?

이 섹션에서는 의문부사를 사용한 의문문(Where do you keep your tea bags?)이 처음 소개되었습니다. 부사가 의문사로 바뀌는 것뿐 다른 의문문과 별다른 차이는 없지만 한번 평서문을 의문문으로 바꾸어봅시다.

① 먼저 평서문의 형태로 문장을 봅니다. → **I keep my tea bags in the cupboard.**

② 질문이므로 you로 물어봐야겠지요.

   → [**You keep your tea bags <u>in the cupboard.</u>**]*

③ 내가 알고 싶은 내용은 밑줄 친 부분이므로 의문사로 바꾸어야 합니다. 장소를 나타내므로 where가 필요하죠. → [**You keep your tea bags <u>where?</u>**]*

④ 다음 의문사가 제일 처음에 와야겠지요. → [**<u>Where</u> you keep your tea bags.**]*

⑤ 다음 기능동사가 주어 앞으로 와야 합니다. 기능동사 do의 도움을 받아

   → **Where do you keep your tea bags?**

* 변환하는 도중의 문장은([ ] 안의 문장) 과정을 설명하기 위하여 보여 준 것이지 완성된 문장이 아니므로, 올바른 표현이 아닙니다.

본문에 쓰인 Can you see them?은 무의식적인 행위를 나타내는 지각동사 see가 can과 같이 쓰여서 의식적인 노력이 들어가는 말이 된 예입니다. 물건이 안 보이거나 쉽게 찾아지지 않는 경우에 쓸 수 있는 말이죠.

다음은 이 표현을 **some**과 **any**를 사용하여 긍정문과 부정문에서 활용하는 연습입니다. 단어의 단수를 복수로 바꿀 때 형태의 변화를 유의하면서 답을 적은 후 테이프를 듣고 따라 하십시오.

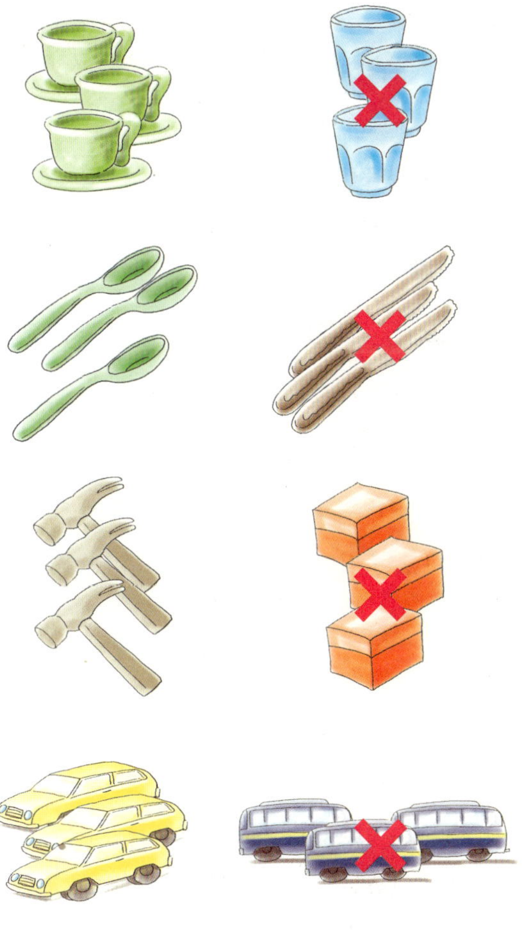

1. I can see some cups,

   but I can't see any __________ .

2. I can see some spoons,

   but I can't see any __________ .

3. I can see some hammers,

   but I can't see any __________ .

4. I can see some cars,

   but I can't see any __________ .

1. glasses | 2. knives | 3. boxes | 4. buses

Useful Expressions

I. 조동사 can

앞의 [영어의 주인공 동사] 편에서 기능동사에 대한 전반적인 설명은 자세히 다루었으므로 여기에서 기능동사인 조동사 can의 역할에 대해 반복하여 설명하지는 않겠습니다. 첫 장의 [준비운동]에서 [영어의 주인공 동사] 편을 건너뛰고 읽지 않았다면 다시 돌아가서 그 부분을 읽고 진도를 나가기 바랍니다.

※ 조동사와 관련된 주요사항

① 조동사의 위치는 본동사의 앞에 오며, 본동사는 조동사의 뒤에서 동사의 원형으로 바뀌어야 한다.

② 조동사는 문장 안에서 본동사의 동사적 역할을 (문장의 시제에 따른 동사변화) 대신한다.

③ 조동사는 현재·과거의 형태로만 형태가 변형한다. 예를 들어 주어가 3인칭 단수 현재인 경우에도 조동사의 형태는 변하지 않으며 조동사 뒤에 오는 본동사는 언제나 동사의 원형으로 바뀐다.

조동사 can도 용례에 따라 여러 가지 다른 의미를 가지므로 용례를 잘 익혀 두면 표현을 정확히 이해하고 사용하는 데에 도움이 될 것입니다. 다시 한번 강조하지만 영어를 잘하려면 문법이나 표현을 아는 것만으로는 충분하지 않습니다. 반복된 연습을 통해 문장의 패턴과 의미가 혀와 뇌에 기억되도록 해야만 알맞은 상황에서 자연스럽게 그 표현이 튀어나오는 것입니다. 그럼 can의 몇 가지 중요한 용례를 살펴보겠습니다.

1. 능력을 나타낼 때

can은 우선 다음과 같이 '능력'을 나타내는 뜻으로 쓰일 수 있습니다. 과거를 나타낼 때는 could를 사용할 수 있고요.

– I can be there at noon.   저 거기에 (낮) 12시에는 갈 수 있어요.

- I can meet you at the café.　　그 카페에서 너 볼 수 있겠는데.
- I couldn't be there at noon.　　제가 거기에 정오에 못 갔어요.
- I can't drive without glasses.　　난 안경 안 쓰면 운전 못해.

능력도 '상황에 기인한 능력과 재능' 이나 '기술, 지식, 육체적인 힘 등에 기인하는 능력' 으로 구분될 수 있습니다. 처음 세 문장은 전자의 능력을, 네번째 문장은 후자의 능력을 나타내죠? 의문문으로도 한 가지 예를 봅시다.

- Can I turn now? Can I go now?　　지금 회전해도 되겠니? 지금 가도 되겠니?

운전을 하지 않으면 발이 없는 신세나 마찬가지인 미국에서는 대개 1인당 한 대 이상씩 차를 소유하고 있고 연세가 많아 시력이 약해진 할머니, 할아버지들도 직접 운전을 합니다. 정기적으로 시력검사를 받기는 하지만 정지 시력과 동적 시력은 틀리기 때문에 사실 운전하기에는 부적당한 노인들이 많죠. 그런 노인들이 운전하는 차를 타면 주로 듣는 말이 바로 이런 말입니다. 이때의 can은 '상황에 기인한 능력' 을 나타내겠죠?

2. can과 may 비교

조동사의 좀더 명확한 이해를 위해서는 다른 조동사와 비교하여 의미의 차이를 살펴보는 것도 좋은 방법입니다. can을 may와 비교해 보기로 하죠.

기존 문법책에 나온 것처럼 can은 may처럼 '허가' 나 '허락' 의 의미로도 쓰입니다.
- Can I talk to Fred?　　프레드하고 통화할 수 있을까요?
하지만 may를 사용하는 것이 훨씬 더 정중한 표현입니다.
- May I talk to Fred?　　제가 프레드하고 통화해도 되겠습니까?
왜냐하면 엄밀히 따져서 <u>can은 '능력' 을 묻는 표현이고, may는 '상대방의 허락을 요청' 하는 표현</u>이기 때문입니다.
예를 들어서, 미팅 중에 잠깐 실례할 일이 있어서 Can I be excused? (제가 잠깐 나갔다 오는 게 가능할까요?) 하고 물었다고 합시다. can을 사용한 이 질문은 자신의 능력을 묻는 어감을 줍니다.
상대방이 Yes, you can, but I don't want you to. (응, 가능은 하지. 하지만 난 네가 그러지 말았으면 좋겠는걸.) 하고 생각할 수도 있지 않겠습니까? 당신이 어떻게 하든 그야 당신 자유지만… 하고 말입니다. may로 묻는다면 상대의 의향을 묻는 표현이라 훨씬 듣는 사람을 존중하는 느낌을 주겠지요.

3. can과 do의 비교

1) *지각동사의 예를 들어 can과 do를 비교해 보겠습니다.*

– Do you see that traffic coming?　　저기 오는 차량들 보이냐?

– Can you see if traffic is coming?　　차가 오는지 안 오는지 보이니?

앞에서 잠깐 언급했지만 <u>look</u>이나 <u>listen</u>은 의식적인 행위를 나타내는 데에 반해, <u>see</u>나 <u>hear</u>은 무의식적인(voluntary) 행위를 나타냅니다.

위에서 Do you see that traffic coming?은 상대의 능력이나 가능성을 묻는 것이 아니라 오는 차량들이 보이냐는 단순한 사실(무의식적인 행위)을 묻는 것이 됩니다. 반면에 Can you see if traffic is coming?은 보려는 의식적인 노력이 들어간 것입니다. <u>무의식적인 행위를 나타내는 지각동사가 can과 같이 쓰이면 의식적인 노력이 들어가는 말이 되는 것입니다.</u> 운전하는 도중에 차선을 바꾸려고 할 때 운전자가 동승한 사람에게 위와 같이 물어볼 때가 있지요? 다른 예를 또 들어볼까요?

– Can you see around that corner? (= Are you able to look around and see?)

　너 저 모퉁이 돌아가는 쪽 보이니? (자기 쪽에서는 잘 안 보여서 물어보는 말이죠.)

– Can you see my wallet on the counter?　　조리대 위에 있는 내 지갑 보여요?

　(물건을 잊고 나온 경우 집에 전화를 해서 찾아달라고 하면서 이렇게 물을 때가 있죠?)

2) *Do you drive?와 Can you drive?*

《Mainstream English》에서도 잠깐 언급한 적이 있고 쓸모가 많은 표현도 아니지만 다시 한번 살펴보겠습니다. 뜻의 차이는 미미하지만 문법만 알고 문화를 모른다면 제대로 언어를 사용하기는 어렵다는 것을 보여 주기 위해서입니다.

앞에서 강조한 바대로 Can you drive?는 능력(ability)의 여부를, Do you drive?는 운전을 하는지 안 하는지(practice)의 여부를 물어보는 말입니다. 그런데 미국에서는 거의 모든 사람들이 운전을 할 줄 알기 때문에 그 전제하에 대화가 이루어집니다. 그러므로 우리가 자주 쓰는 '운전을 할 줄 아느냐'는 등의 말은 거의 물어볼 일이 없습니다. 운전면허를 따는 16세 전후의 청소년에게라면 Can you drive yet? (너 이제 운전할 줄 아니?) 하고 물을 수 있겠지만요.

그 외에는 Can you drive?가 《Mainstream English》에 적어놓은 것처럼 일반적인 운전 능력(재능, 기술, 지식, 육체적인 힘 등에 기인하는 능력)을 물어보는 말로는 쓰이지 않습니다. 술 취한 사람에게 "그 상태에서 운전할 수 있겠냐"고 물어볼 때나 여럿이 함께 차로 이동하려가면서 그 중 한 명에게

"네가 운전할 수 있겠니?" 하고 묻는 (상황에서 기인한 능력) 경우에는 쓰일 수 있겠지만요.

마찬가지로 Do you drive? (당신 운전하세요?)도 운전을 안 하고 다니는 사람이 거의 없으므로 노인들에게나 물어볼 만한 질문입니다만, 아래와 같이 뒤에 말을 덧붙이면 버스연결이 잘 되어 있는 도시에 사는 사람에게는 물어볼 수 있는 말이 되겠습니다.

– Do you drive or do you ride the bus?　　넌 운전해서 다니니, 아니면 버스 타고 다니니?

Ⅱ. can + 지각동사

여기서는 **can**이 지각동사와 함께 쓰일 때의 용례를 좀더 자세하게 살펴보겠습니다.

다음의 두 표현은 볼 수 있는 능력을 묻는 질문입니다. 시력이 떨어지는 사람에게 혹은 화자인 내가
시력이 나빠서 잘 안 보이거나 볼 수 없는 상황에 있을 때 상대방에게 보이느냐는 의미로 쓸 수 있는
말입니다.

- *Can* you *see* the sign over there?　　너 저기 저 표지판 보이니?
- *Can* you *see* the number of the next exit?

   저 다음 출구 번호 보이니? (예를 들어 고속도로 운전중에)

다음은 상대방의 능력을 묻는 말은 아닙니다. '나는 보이는데 너도 보이니?' 하는 단순한 확인일 뿐
이지요.

- *Did* you *see* her outfit?　　너 그녀가 입은 옷 봤니?
- *Did* you *see* that new movie?　　새로 나온 그 영화 봤니?
- *Did* you *see* the new teacher? He is so cute.　　그 새로 오신 선생님 봤니? 그분 너무 잘생
   겼더라.

다음의 두 표현은 들을 수 있는 능력을 묻는 질문입니다. 청력이 떨어지거나 멀리 있는 사람에게 할
수도 있겠고 또는 아주 시끄러운 장소에서도 할 수 있는 말입니다. '나는 안 들리는데 넌 들리냐' 는
의미로도 쓰일 수 있겠고요.

- *Can* you *hear* the music?　　이 음악소리 들리니?
- *Can* you *hear* me?　　내 말 들리니?

다음은 상대방의 능력을 묻는 말은 아닙니다. '나는 들었는데 너도 들었냐' 하는 단순한 확인일 뿐이
지요.

- *Do* you *hear* a dog barking?　　개 짖는 소리 들리니?
- *Do* you *hear* a faucet dripping?　　수도꼭지에서 물 떨어지는 소리 들리니?
- *Did* you *hear* strange noises last night?　　너 어젯밤에 이상한 소리 들었니?

— *Did* you *hear* that she is expecting?　　너 그녀가 아기 가졌다는 말 들었니?

— *Did* you *hear* about the fight?　　너 그 싸움에 대해서 얘기 들었니?

같은 지각동사이지만 see나 hear와는 달리 smell이나 taste는 can과 함께 쓸 일이 일상생활에서는 사실 거의 없습니다. 시력이나 청력이 떨어지는 경우나 어쩌다 잘 보거나 듣지 못하는 경우야 드물지 않지만, 맛이나 냄새를 못 맡는 사람은 거의 없으니까요. 하지만 내가 감기에 걸려 코가 막혀서 혹은 천식으로 인한 후유증 등으로 요리하면서 맛을 볼 수 없거나 냄새를 못 맡는 경우에는 옆 사람에게 can을 사용해 물어볼 수 있겠지요.

— *Do* you *smell* something burning?

　뭐 타는 냄새 안 나니? (나는 이 냄새가 나는데 너도 나니 하는 의미죠.)

— *Do* you *smell* something strange?　　뭐 이상한 냄새 안 나니?

— *Do* you *smell* the cookies in the oven?　　오븐에서 과자 구워지는 냄새 나니?

Can you type this for Karen?

이거 Karen건데 타이핑 좀 해 주겠어요?

다음 conversation의 내용을 먼저 듣고 따라 한 후, 본문을 보시기 바랍니다.

Karen : Jim, can you come here a minute, please?

Jim, 여기 잠깐만 와봐요.

Jim : Yes?

무슨 일로?

Karen : Where is Emily? She′s not at her desk.

Emily 어디 갔어요? 자리에 없는데.

Jim : She is in the office next door.

옆 사무실에 갔습니다.

Karen : Can you ask her to type this for me?

Emily에게 이것 좀 타이핑해 달라고 해 주겠어요?

Jim : Yes, I can.

네, 그러죠.

Jim : Hey, Emily! Can you type this for Karen?

Emily, 이거 Karen건데 타이핑 좀 해 주겠어요?

Emily : You bet.

그야 물론이죠!

Jim : Here you go.

자 여기 있어요.

Emily : Thanks, Jim. Wait, Jim. I can't type this letter!

고마와요, Jim. 잠깐 Jim! 난 이 편지는 타이핑 못하겠어요!

Jim : Why not?

왜요?

Emily : I can't read it. Karen's handwriting is terrible!

읽을 수가 없으니까요. Karen 글씨는 정말 엉망이라구요!

Can you come here a minute?

여기서 a minute는 '잠깐'을 의미합니다. 같은 상황에서 쓸 수 있는 다른 표현들은 다음과 같습니다.

– Can I see you in my office?　　내 사무실로 좀 와봐요.

– Can you _come in_ for a second?　　잠깐만 들어와봐요.

– I have to ask you something. I have something to ask you.

　내가 뭐 좀 물어볼 게 있어.

– I have a favor to ask you.　　내가 너에게 부탁할 게 있어.

⟍ Come in

우리가 앞의 [섹션 20]에서 공부한 come in과 위 예문의 come in은 형태는 똑같을지 몰라도 용례는 완전히 틀립니다.

A : It _comes in_ small, medium, or large.　　이 물건은 대, 중, 소 사이즈로 나옵니다.

A에서 쓰인 in은 전치사로서 그 뒤에 전치사의 목적어 역할을 하는 말이 꼭 와야 합니다. 위의 경우에는 small, medium, or large가 전치사의 목적어 역할을 하고 있지요.

반면에 다음의 B와 C, D에서 쓰인 in은 부사로서, in to the office(B) 혹은 in to the store(C), in to the airport(D)의 의미입니다.

B : Come (on) in.　　(어서) 들어와.

C : When do you think they will _come in_?*　　그 물건들이 언제나 들어올까요?

　They're going to _come in_ on Friday.　　그거 금요일에는 들어올 겁니다.

* 미국에서는 물건이 바닥나서 손님이 그 물건을 구입할 수 없게 된 경우나 손님이 찾는 물건이 그 가게에서는 갖춰놓지 않은 물건인 경우 다른 곳에 주문을 하여 구해 주기도 합니다. C는 그 주문한 물건(store delivery package)이 언제쯤 들어오냐는 질문이지요.

D : His fight is _coming in_ at noon.　　그이가 탄 비행기는 정오에 들어와요.

She is in the office next door.

이 표현은 말 그대로 바로 옆 사무실에 갔다는 말(She is in the office <u>the next door down</u> from the office the speaker is in)도 되지만 그냥 근처 사무실에 갔을 때도 쓸 수 있습니다. 일상생활에서 누가 어디에 갔는지 묻는 질문에 대답할 일이 적지 않으므로 몇 가지 다른 예를 보여드리겠습니다.

– She's running an errand.　　지금 볼일 보러 나갔어요. (run an errand에 대해서는 [섹션 19]에서 이미 설명했죠.)

– She just stepped out for a second.　　방금 잠깐 자리를 비우셨는데요. (곧 돌아옴을 암시)

– She's next door.　　옆 사무실에 갔는데요.

다음은 자리를 비운 사람에 대해 물어볼 때 쓸 수 있는 표현들입니다.

– I can't find Emily. Where is she?　　Emily가 안 보이는데. Emily는 어디 있어요?

– Is Emily out for lunch?　　Emily는 점심 먹으러 갔어요?

– Did Emily take her lunch break?　　Emily가 지금 점심식사 시간인가요?

– Where did Emily go?　　Emily는 어디 간 거야?

Can (= Will) you ask her to type this for me?

초보 단계에서는 어려운 표현이지만 다르게 표현해 보면 다음과 같습니다.

– Can you tell her I need this typed (up)?　　그녀에게 이거 타이핑 좀 해 달라고 해 주겠어요?

– Can you tell her I need this typed right away?

　　그녀에게 제가 이거 타이핑이 당장 필요하다고 말해 주겠어요?

Can you ask her to type this for me?는 다음 페이지에 소개될 to부정사구의 B의 구조에 해당합니다. 이 문장구조에 익숙해지도록 ask를 사용해 여러 가지 다른 표현을 만들어 보겠습니다.

– Allison is going to _ask Jeff to drive to_ the store for her.

　　앨리슨이 제프한테 가게에 다녀와달라고 부탁할 거야.

– I am going to _ask my sister_ to help me with my homework.

　　나 누나보고 과제 도와달라고 할래.

– I am going to _ask my mom to give_ me child-rearing advice.

　　난 엄마에게 자녀양육에 대한 충고를 부탁할 거야.

– _Ask him to take_ his hat off.　　저분 모자 좀 벗어달라고 해.

― _Ask him to change_ your oil.　저이보고 네 차 엔진오일 갈아달라고 부탁해라.

Can you type this (up) for Karen?

― Type this for Karen.　이거 Karen건데 타이핑해라.

― Type this for Karen, please.　이거 Karen건데 타이핑 좀 해 줘요.

― Emily, Karen wants this typed up.　Emliy, Karen이 이걸 타이핑해 달래.

― Karen wants you to type this for her.　Karen이 네가 이거 타이핑해 줬으면 하더라.

― Karen asked me to have you type this.　Karen이 너한테 이거 타이핑을 부탁해 달라더라구.

You bet!

이 표현은 '네가 내기를 걸어도 될 정도' 라는 뜻이므로 강한 확신을 나타내는 말입니다.

Of course, I can.

Sure.

Yes, right away.라고 해도 되겠지요. **I bet** 도 '내가 장담을 하는데…' 라는 비슷한 의미의 말입니다. 예를 몇 가지 더 볼까요?

― Could you drive me home?　나 집에 좀 태워다 줄 수 있겠니?

　You bet.　물론이지.

― Do you really think it′s OK?　정말 괜찮겠어?

　You bet.　그럼!

― I bet you will really enjoy this movie.　너 그 영화 정말 재미있어할 거다.

― I bet you will really like this coffee.　너 이 커피 정말 좋아할 거야.

― I bet he won′t be on time. He′ll be late.　그 사람 절대로 정각에 안 올 거다. 늦을 거야.

Karen′s handwriting is terrible!

― Well, I can′t even read it! It looks like chicken scratches.

　그게 이건 읽을 수조차 없다니까. 개발새발이라구.

― I can′t understand what it says. Her writing is pretty bad.

　뭐라고 하는 건지 알 수가 없어. 그녀의 글씨는 정말 엉망이야.

– I can't figure out what it says. Her handwriting is awful.

이거 뭐라고 써 있는지 알아볼 수가 없어. 이분 글씨는 정말 엉망이야.

 to부정사구, 사전영어와 실영어의 차이

1. to부정사구

[준비운동]에서 동사의 기능과 연관하여 to부정사구를 잠깐 다루었습니다. 그 부분을 그냥 넘어갔다면 다시 참조하기 바랍니다.

to의 주된 기능은 '일반적인 전치사의 역할' 과 '동사의 원형과 결합하여 부정사구를 이끄는 역할' 이렇게 두 가지입니다.

앞에서 설명한 것처럼 to부정사구는 문장에서 쓰기에 따라 명사의 역할을 하기도 하고 형용사나 부사의 역할을 하기도 합니다. 명사로 쓰이는 경우는 문장에서 주어나 주격 보어, 목적어 또는 목적격 보어로서 역할을 합니다. 아무 때나 to부정사구를 목적어나 보어로 사용할 수 있는 것은 아니고 동사의 성격에 따라 to부정사구를 목적어나 보어로 사용할 수 있는 동사도 있고, 할 수 없는 동사도 있습니다.

하지만 to부정사구를 쓸 수 있는 동사와 없는 동사라는 식으로 동사 자체만을 따로 모아서 외우지는 마십시오. 다시 한번 강조하지만 그것은 매우 비효과적인 공부방식입니다. 그렇게 동사들을 분류해 단어만 따로 외우는 것은 객관식 문제에서 답을 찍을 때는 그나마 효과가 있을지 몰라도 정작 말을 하고 글을 쓰는 데에는 전혀 도움이 되지 않습니다. 문장에서 실제적으로 각 동사가 쓰이는 용례를 익히는 것이 중요합니다. to부정사에 대한 좀더 종합적인 설명은 2권을 참조하십시오.

2. 사전에 있는 문법과 실제 일상생활에서 쓰이는 영어의 차이

3형식이 되는 동사, 5형식이 되는 동사, that절을 쓰는 동사·못 쓰는 동사…, 이런 식으로 동사를 구분하는 것이 어째서 비효과적인지 몇 개의 동사를 예로 들어 보겠습니다.

동사 **want, hope, wish**는 문법상 'to부정사구를 목적어로 하는 3형식'이 가능한 동사들입니다.
다음의 예를 보면 적어도 문법상으로 wish는 A, B, C 세 가지 문장형태가 다 가능한 동사입니다.
하지만 want는 that절(1C)이 목적어로 올 수가 없고 hope는 5형식(2B)이 될 수 없습니다. 일반
한영사전을 보면 동사마다 어떤 문장형태가 가능한지 자세히 서술되어 있습니다.

그런데 사전에 적힌 문법과 실제 쓰이는 영어는 또 차이가 있습니다. wish는 3C의 형태가 주로 쓰
이고 3A와 3B 형태로는 쓰이지 않습니다. I wish to go home. 보다는 **I want to go home.**
(여기서 home은 '집으로'라는 의미의 부사)이 자연스럽고 I wish you to be well.의 구조도 케케묵은
느낌이 나며 쓰지 않는 말입니다. **I wish you all well.**이나 **I hope you are well.** 등의 구조가
자연스럽지요. hope도 2A 보다는 2C의 구조로 훨씬 흔히 쓰이고요.
영어를 제대로 하고 싶다면 처음에 언급했던 방식으로 문법을 정리해서 외울 것이 아니라, 그 동사가
쓰인 문장들을 통째로 익혀야합니다. 또 그 문화권에서 살지 않는 이상은 어떤 표현이 흔히 쓰이고
어떤 표현이 안 쓰이는지 분별하기 쉽지 않으므로 그들의 말과 글을 제대로 전달하고 해석해서 가르
치는, 믿을 만한 책이나 자료를 접해야 할 것입니다. 제가 구어체 사전인 《Mainstream English》
을 쓰게 된 이유도 많은 책이나 신문, 인터넷 자료 등에서 콩글리쉬나 broken English 혹은 쓰이
지도 않는 영어가 버젓이 소개되고 있는 것에 안타까운 마음이 들었기 때문이었습니다.

1A : I *want to eat* now.　　난 지금 먹어야겠다.

1B : I *want you to come* in here by ten.　　너 10시까지는 들어와야 한다.

1C : I want that you will eat there. (X)

2A : I *hope to hear* from you soon.　　네게서 빨리 소식이 오기를 바라.

2B : I hope you to get better. (X)

2C : I *hope (that) all is well with you.*　　네가 잘 지내고 있기를 바란단다.

3A : I wish to go home.　　(별로 쓰이지 않음)

3B : I wish you to be well.　　(별로 쓰이지 않음)

3C : I *wish (that) I could be there in person.*　　내가 직접 거기에 갈 수 있으면 좋겠구나.

Let's Practice

다음은 can을 사용하여 문장을 변형하는 연습입니다. 다음의 순서에 따라 연습하기 바랍니다. (중급 이상의 독자들은 교재를 덮고 테이프만으로 문제를 풀어볼 것을 권합니다.)

① 먼저 보기를 듣고 소리내어 따라 하십시오.

② 그 다음 1번부터 문장을 듣고 형태를 바꾸어 소리내어 답합니다.

③ 테이프의 답을 듣고 따라 합니다.

④ 아직 듣기가 힘들다면 빈칸에 답을 적은 후에 테이프를 따라 소리를 내어 연습하십시오.

⑤ 주어진 답은 제일 나중에 확인하십시오.

ex.) He is taking his book.

→ *He can take his book.*

1.

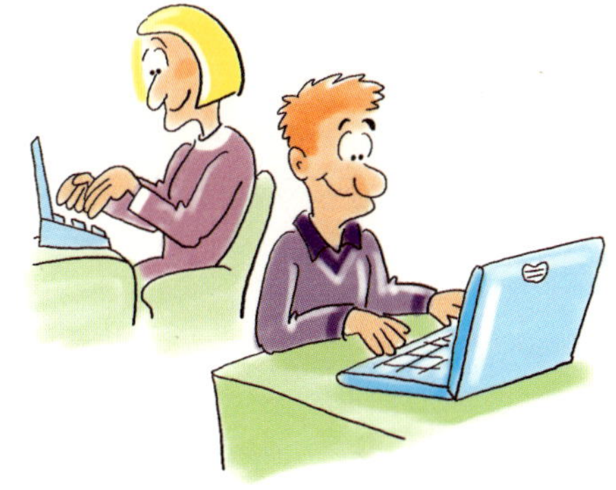

They are typing these letters.

____

2.

She is making the bed.

____

3.

He is swimming across the river.

____

4.

I am giving him some chocolate.

____

5.

He is sitting on the grass.

____

6. 

She is putting on her coat.

____

이 섹션부터 서수 연습이 시작됩니다. 서수는 첫번째, 두번째 등 순서를 나타내는 수를 말합니다. 먼저 A의 숫자들을 순서대로 듣고 따라하기 바랍니다. 여건이 된다면 입으로만 따라 말하는 것이 아니라 숫자를 받아 적어보면 더욱 효과적일 것입니다. 숫자를 연습할 때도 아무 생각 없이 발음만 연습하지 말고 **언제나 그 숫자를 머릿속에 그리면서 연습해야** 그 발음과 이미지가 숫자와 함께 기억이 됩니다.

A. 다음의 숫자를 순서대로 듣고 따라 하세요.

1ˢᵗ   2ⁿᵈ

3ʳᵈ   4ᵗʰ

5ᵗʰ   6ᵗʰ

7ᵗʰ   8ᵗʰ

9ᵗʰ   10ᵗʰ

11ᵗʰ   12ᵗʰ

first | second | third | fourth | fifth | sixth | seventh | eighth | ninth | tenth | eleventh | twelfth

다음은 테이프를 듣고 숫자를 받아쓰는 연습입니다.

원어민이 반복해서 숫자만을 따로 읽을 때 따라서 말하는 연습을 한 후 답을 맞추어 보십시오. 숫자를 직접 보고 **소리
내어 읽는 연습을** 하십시오. 잘못 받아쓴 숫자는 읽고 쓰는 연습을 여러 차례 반복하십시오.

숫자 받아쓰기를 시작하기 전에 몇 가지 중요사항을 기억합시다.

① 서수는 명사를 꾸며 주는 형용사 역할을 합니다.

② 서수는 정관사 the를 앞에 붙여야 합니다.

③ 서수와 기수가 함께 쓰일 때는 서수가 기수의 앞에 옵니다.

> ex.) The first two chapters are kind of boring.

B. 이제 테이프를 듣고 숫자를 빈칸에 받아쓰십시오.

1. My office is on the ___________ floor.

2. This is my ___________ speeding ticket.

3. The ___________ chapter is hard to read.

4. This is my ___________ piece of pizza.

5. It is the ___________ of April.

6. This is my ___________ grade teacher.

7. This is my ___________ time in the United States.

8. This is the ___________ time (I have gone skiing).

9. Turn right on the ___________ exit.

10. This is her ___________ puppy.

11. This is my ___________ drink.

12. I read the ___________ chapter.

13. My car is parked on the ___________ level (of the parking garage).

Can~ / Could~ 에 대한 다양한 대답

이 부분은 다시 기초를 다지는 중 · 고급 독자들을 위한 부록입니다. 초급 독자들은 나중에 이런 표현들을 공부할 수 준이 될 때 언제든지 돌아와서 표현을 익히실 수 있습니다.

Can you drive me to school?   나 학교까지 좀 태워다 줄 수 있겠니?

→ Definitely.   그야 물론이지.

→ Yeah, I can drop you off.   어, 가다 내려 줄 수 있지.

→ No. I am not going that way.   아니. 난 그 쪽으로 안 가는 걸.

→ No, I have an appointment right now.   안 돼. 난 지금 당장 약속이 있어.

→ Sure. I can in a little while. Can you wait five minutes?
물론이지. 조금만 있으면 되는데. 5분만 기다릴 수 있니?

Could you braid my hair?   내 머리 좀 따줄 수 있겠니?

→ Yes, I can.   응, 그래.

→ Can I do it later?   나중에 해 줘도 되니?

→ Yes, give me a brush.   응, 빗 줘.

→ No, I am in the middle of something.   안 돼, 나 지금 뭐 하는 중이야.

→ Yes, I have some time. I can do it in fifteen minutes.
응, 시간이 좀 있네. 15분 후면 할 수 있겠는데.

Can I borrow your CD?   네 CD 좀 빌릴 수 있을까?

→ No, it's my sister's.   안 돼. 이거 우리 누나 거야.

→ Yeah, but I need it back in a few days.   응, 근데 나도 며칠 있다가 다시 필요해.

→ Sure, it's really good. I think you'll like it.   그럼, 이거 진짜 좋아. 너도 좋아할 걸.

→ I really wanted to listen to it today. Can you borrow it next week?
나 오늘 이걸 꼭 듣고 싶었거든. 너 다음주에 빌려도 되겠니?

:: Can you give me directions to your place?　　너네 집 가는 길 좀 가르쳐 줄래?

→ Sure. Do you have a pen?　　물론이지. 연필 있니?

→ Yes, I´ll draw you a map.　　응, 내가 약도 그려 줄게.

→ Yes, are you familiar with downtown?　　그래, 너 다운타운 지역 잘 아니?

→ No, let´s do it at your house instead.　　아니야, 너희 집에서 대신하자.

→ No, why don´t I meet you somewhere else?*　　아니, 우리 다른 장소에서 만나는 게 어떠니?

* 상대가 집에 오는 것을 원하지 않아서 이처럼 말한다고 해서 그렇게 결례가 되는 것은 아닙니다. 특히 여성의 경우에는 얼마든지 이렇게 말할 수 있습니다.

Do you want some coffee?

커피 드시겠어요?

다음 conversation의 내용을 먼저 듣고 따라 한 후, 본문을 보시기 바랍니다.

(Jae and her husband are eating lunch at a restaurant.)

재와 그녀의 남편이 레스토랑에서 점심식사를 하고 있다.

Waitress : Hello, what can I get you folks? Do you want some coffee?

안녕하세요, 무얼 드시겠습니까? 커피 드시겠어요?

Jae and Husband : Yes, please. (= We would like some coffee.)

네, 그래 주세요.

Waitress : Caf or decaf?

카페인 있는 걸로요, 없는 걸로요?

Jae : Caf.

카페인 있는 걸로요.

Husband : Caffeinated also. Thank you.

나도 카페인 있는 걸로 해 줘요. 고마워요.

Waitress : Okay! Does either of you want cream or sugar?

네에! 두 분 크림이나 설탕은 필요하세요?

Husband : No, thank you. Black is fine.

아뇨. 전 블랙으로 하겠어요.

Jae : I like both cream and sugar in my coffee.

전 크림하고 설탕 다 넣어 주세요.

Waitress : Okay, great. I′ll go get some cream,
and the sugar is right there on the table.

예. 제가 크림 가져올게요. 설탕은 바로 거기 테이블에 있습니다.

Waitress : Hi. Do you want to order?

저, 이제 주문하시겠어요?

Jae : We would both like a ham sandwich, please.

우리 둘 다 햄샌드위치로 해 주세요.

Waitress : Two ham sandwiches? Anything else?

햄샌드위치 둘이요? 뭐 또 주문하실 것이 없으신 가요?

Jae and Husband : No, thank you.

아뇨, 됐습니다.

What can I get you folks?

아직도 한 단어에 여러 가지 다른 의미가 있을 경우 그 한글 뜻을 단어장에 모조리 적어서 무조건 외우는 사람들이 많습니다. 앞에서도 여러 번 강조했듯이 그렇게 한글로 영어단어의 뜻을 외우는 것은 매우 비효과적인 방법입니다. 영어 그 자체로 머릿속에 단어의 이미지를 만들지 않고 한글을 중간에 삽입하는 것도 문제지만, 그 동사의 쓰임과 연관 없이 특히 동사의 경우 뜻만 외우는 것은 쓸모가 없습니다. 단어의 다양한 쓰임을 반복적인 연습을 통해 익혀 두어야 필요할 때 진짜 실력으로 나온다는 것을 기억하십시오.

– get

여기서 get의 의미는 '~을 가져다 주다(= bring)' 입니다. 같은 상황에서 쓸 수 있는 다른 표현들을 소개합니다. 모두 레스토랑의 웨이터나 웨이트리스가 쓰는 말들입니다.

· What can I get* for you?　무얼 드릴까요?

　＊ 참고로 비슷한 문장으로 보이지만 I can get you there in 15 minutes.라고 할 때의 get은 '~를 데려다 주다(= transport)'의 의미입니다.

· What can I bring you?　무엇을 드릴까요?

· What would you like me to bring you?　무엇을 드시겠습니까?

· Would you like something now?　지금 주문하시겠어요?

– folks

folks는 듣는 사람들에게 <u>친근감을 주는 표현</u>입니다. 예를 들어 편지나 이메일을 통해 그룹을 향해 메시지를 전달하려고 할 때 만약 그 내용이 경고하거나 주의를 주는 내용이라면 **Hi, folks!** 보다는 **Hi, everyone!**이라고 하는 것이 더 적절할 것입니다.

Do you want some coffee?

– Do you need some coffee/water?　커피/물 드릴까요?

– Do you want something to drink before you order?　먼저 음료수부터 하시겠어요?

Caf or decaf?

미국의 식당이나 커피숍에서 너무나 흔히 듣는 말입니다. <u>Do you want caffeinated or de-caffeinated coffee?</u>의 준말인데 처음 들으면 무슨 말인지 몰라 당황할 수도 있겠지요.

Does either of you want cream and sugar?

either는 '둘 중에 한 쪽'을 의미하며 긍정문이나 부정문, 의문문 등 쓰이는 문장의 형태와 품사에 따라 아주 약간씩 의미가 변형되어 쓰입니다. 단어의 의미가 둘 중 하나를 의미하는 만큼 언제나 단수취급을 하는 단어입니다. 반면에 답에 쓰인 **both ~ and ~** 표현은 '~와 ~ 둘 다'를 의미하는 만큼 언제나 복수취급을 받는 표현입니다. 다음은 실생활에서 자주 쓰이는 몇 가지 용례입니다.

— Does either of those work for you? Do they fit?

  그 둘 중에 맘에 드시는 것이 있으신 가요? 치수가 맞으세요?

— Do you like either one of those?*　　그 중에 마음에 드시는 게 있으세요?

  　*쇼핑을 가서 옷을 입어보거나 할 때 직원이 따라와서 흔히 하는 말입니다. 특히 판매량에 따라 월급을 받는 직원들은(those who work on commission.) 더욱 적극적으로 다가와서 손님을 챙기지요. (They check up on you.)

— Who is going to come with you?

  누가 너하고 같이 갈거니?

  Either Sue *or* Jim.　　수 아니면 짐.(이 나하고 같이 갈 거야.)

— *Either* I will take the bus *or* I will drive there myself.

  난 거기 버스로 가거나 아니면 내가 직접 운전해서 갈 거야.

— *Either* I′ll take a cab *or* I′ll walk, depending on the weather.

  If it′s a nice day, I′ll walk.

  택시를 타든지 걸어가든지 하려고, 날씨를 봐서. 날씨가 좋으면 걸어갈래.

I′ll go get some cream, and the sugar is right there on the table.

I′ll go get ~의 go get은 go and get 혹은 go to get의 준말이며 문법적으로 틀린 표현이 아닙니다.

(본문에서 미래를 나타내는 조동사 will이 처음 소개되었습니다. 기능동사에 대한 기본적인 설명은 앞의 [준비운동]에서 다루었으므로 반복하지 않겠으며 보다 자세한 will의 용례는 2권에서 다루어집니다.)

Do you want to order?

손님에게 메뉴를 선택할 시간을 준 후 종업원이 일단 자리를 떴다가 테이블로 돌아와서 묻는 질문입니다. 더 흔히 쓰이는 표현으로는 **Are you ready to order?** (주문하실 준비가 되셨나요?)이 있지요.

We <u>would</u> both <u>like</u> a ham sandwich, please.

앞에서 언급했듯이 **can**이 '요청'이나 '허가'를 의미할 때는 과거형 **could**를 쓰면 훨씬 공손한 표현이 됩니다. 마찬가지로 **want**가 '~를 원하다'를 의미할 때는 **would like**와 같은 의미이면서 보다 공손한 표현입니다. **would**는 가정법 과거시제이므로 요청하는 상대방에게 '만약 당신이 원한다면~'이라는 전제를 두고 말하는 셈이라 강요하는 느낌을 주지 않고 상대방의 마음을 편하게 해 줍니다. would에 대한 자세한 설명과 용례는 2권에서 다루어집니다.

음식 주문을 약간씩 다양하게 표현해 보면 다음과 같습니다.

- We will have two ham sandwiches.
- We want ham sandwiches, please.
- We need two ham sandwiches, please.

I. 다음은 'Do you want ~?' 보다 정중한 표현인 **Would you like ~?** 를 활용하는 연습입니다. 1번부터 테이프에서 나오는 힌트를 듣고 문장을 완성하여 소리내어 대답하십시오. 발음과 악센트에 유의하면서 테이프의 답을 따라 하십시오.

(Hint) some cake

1. ________________________________

(Hint) some water

2. ________________________________

(Hint) some pie

3. ________________________________

(Hint) some spaghetti

4. ________________________________

3. Would you like some pie? | 4. Would you like some spaghetti?

1. Would you like some cake? | 2. Would you like some water?

 계속되는 '**I would like ~**' 의 연습입니다. 1번부터 테이프에서 나오는 힌트를 듣고 문장을 완성하여 소리내어 대답하십시오. 발음과 악센트에 유의하면서 답을 따라 하십시오.

1.

(Hint) a taxe

____

2.

(Hint) a coke

____

3.

(Hint) a few oranges

____

1. I would like a taxi, please. | 2. I would like a (Diet) Coke. | 3. I would like a few oranges from the open market.

1 대도시나 주요 공항이 아닌 이상, 미국에서는 택시회사에 전화를 걸어 택시를 부르는 것이 일반적입니다. 서울처럼 손님이 줄을 서서 기다리는 것도 아니고 택시들이 막연히 손님을 바라며 돌아다닐 수는 없기 때문입니다.

| ex. : I would like a taxi. |　　제게 택시 좀 보내주세요.

이 표현은 택시회사에 전화를 걸었을 때 하는 말입니다. 택시를 보내 줄 상대가 아닌 그냥 동행자에게 택시를 부르고 싶다는 말을 하는 경우에는 **I would like (= want) to call a taxi.**라고 해야겠지요.

이렇게 would like ~ 뒤에 to부정사구를 쓰면 '~하고 싶다'라는 단순한 표현이 되지만 would like ~ 뒤에 명사를 쓰면 그 필요를 채워 줄 수 있는 상대방에게 직접 (would like의 목적어로 온 말을) 요청하는 표현이 됩니다.

| ex. : I'd like some more towels sent up to my room, please. |

　　제 방으로 타월 좀 몇 개 더 올려 보내 주십시오.

이 표현도 호텔에서 프론트 데스크에 전화를 걸어서 할 수 있는 말이지요?

2 음식점이나 누구 집에 초대되어 가서 상대방이 내게 무엇을 마시겠는지 물어볼 때 할 수 있는 말입니다.

3 단순히 '시장에 나온 오렌지 좀 몇 개 먹었으면 좋겠구나' 하는 식의 소망을 표현하는 것이 아니라, 상대방에게 장에 가서 오렌지를 사오라고 직접 부탁을 하는 말입니다.

I like fruit a lot, but my roommate doesn´t.

난 과일을 좋아하는데 내 룸메이트는 안 좋아해.

다음 conversation의 내용을 먼저 듣고 따라 한 후, 본문을 보시기 바랍니다.

(Dimitri and Amy are making a fruit salad for a picnic.)

Dimitri와 Amy가 소풍 준비로 과일 샐러드를 만들고 있다.

Amy : **Do you want strawberries in this fruit salad?**

이 과일 샐러드에 딸기 넣을까?

Dimitri : **Yes, I like strawberries. Do we have strawberries?**

응, 난 딸기 좋아해. 우리 딸기 있던가?

Amy : **Yes, we do! Can you wash and cut them, please?**

응, 있지! 딸기 좀 씻어서 잘라 줄래?

Dimitri : Sure. Hand them over to me.

물론이지. 이리 건네줘.

Amy : This orange tastes really good. Do you want to try some?

이 오렌지 정말 맛있다. 맛 좀 볼래?

Dimitri : No, thank you. I don't like oranges at all.

아니 됐어. 난 오렌지 전혀 좋아하지 않아.

Amy : Really? Well, then I will put them in a side dish.

정말? 어, 그럼 이건 반찬 접시에 따로 놓을게.

Dimitri : I love bananas, though. Can I cut up the bananas?

하지만 난 바나나는 좋아해. 바나나 좀 잘라도 될까?

Amy : Yes, of course.
I like fruit a lot, but my roommate doesn't. She likes vegetables.

그럼 물론이지. 난 과일을 정말 좋아하는데 내 룸메이트는 안 좋아해. 걔는 야채를 좋아하거든.

Dimitri : I actually don't like vegetables, either.

난 사실 야채도 안 좋아해.

Amy : You don't like vegetables or oranges?

넌 야채도 싫어하고 오렌지도 싫어하는 거야?

Dimitri : Nope! I like to eat lots of meat. Yum!

그렇다니까! 난 고기가 좋아! 음, 먹고싶다!

This orange tastes really good.

[섹션 18]에서 **look**이 '~하게 보이다' 라는 뜻으로 쓰이는 용례를 보았습니다. **sound, taste, smell, feel** 등의 동사들이 '~하게 들리다/~한 맛이 나다/~한 냄새가 나다/~한 느낌이 나다' 라는 뜻으로 쓰일 때도 그 용례가 look과 같습니다. '형용사나 형용사 상당어구' 를 뒤에 보어로 사용해야 하는 것이지요. 뒤에 나오는 연습을 통해 표현에 익숙해지도록 합시다.

Do you want to try some?

이 표현은 **Do you want to taste it? Do you want some, too?**와 같은 말입니다. try에는 '~를 시도해 보다(attempt)' 라는 뜻이 있습니다.

옷(try clothes)이나 음식을 시도해 보거나(try food) 새로운 스포츠 등을 시도해 본다(try a new sport or activity, try to play golf)고 할 때 쓸 수 있는 동사지요. try에는 '~하려고 애쓰다, ~하려고 노력하다. (I′ll try to make it if I can.)′ 라는 의미도 있는데 시도하다(attempt)는 의미의 연장선상에서 볼 수 있습니다.

I don′t like oranges at all.

— at all

시중에 나온 영한사전 중에는 at all이 긍정문과 부정문, 의문문, 조건문에 모두 약간씩 다른 의미로 쓰인다고 소개되어 있지만, 실제 미국에서는 **조건문과 부정문에서** 쓰이는 경우가 대부분입니다. 의문문과 긍정문에서는 거의 안 쓰이기 때문에 다소 어색하게 느껴지는 표현이랍니다.

1A) If it′s at all possible, please return it by Friday.

　　만약 가능하다면 금요일까지 되돌려 주세요.

우리말 번역에는 at all을 첨가해도 뜻에 그다지 차이가 안 나는 것처럼 느껴지지만 at all을 조건문에 첨가하면 상대방에게 부담을 주지 않으며 여유(kind of giving them some leeway)를 갖게 해 줍니다. 이 표현을 쓰면 '네가 이걸 안 돌려준다고 해도, 정시에 도착하지 못 한다고 해도 괜찮다' 는 뜻이 되는 겁니다. (If you don′t bring it back to me, I won′t get angry. If you don′t make it on time, it's OK.) 이 표현은 아래와 같이 주로 it's는 생략하고 말하는 것이 보통입니다.

1B) If at all possible, could I please ride along?*

　　괜찮다면 나도 같이 타고 가도 될까요?

* 안 된다고 해도 뭐 큰일은 아니라는 말이죠. (If not, it's no big deal.)

2) I don't like it at all.

위와 같은 부정문에서는 at all이 주로 음식이나 사람 등 기호에 대해 얘기할 때 쓰는 경우가 대부분이며, '전혀 고려해 보지 않을 것이며 음식이라면 맛도 보지 않겠다' 는 강한 부정의 의미를 갖습니다.

I love bananas, though.

– though

1) though는 문장 앞에서 even과 함께 쓰이는 것이 일반적입니다.

　Even though I only have one class this semester, I still feel extremely overwhelmed.

　이번 학기에 한 과목밖에 안 듣는데도 여전히 너무너무 부담되는 거 있지.

　despite the fact that ~ 도 **even though**와 같은 뜻으로 흔히 쓰이는 표현입니다.

　Despite the fact that I only have one class this semester ~ 하고 시작해도 똑같은 뜻이

　되는 거지요.

2) 구어체에서 문장의 끝에 though를 첨가하면 **however**와 비슷한 뜻이 됩니다.

　I still don't like it though.　　난 그래도 그건 싫은 걸.

nope!

no 보다 좀 가벼운 말투로서 듣는 사람에 따라서는 무례하게 느낄 수도 있는 말투입니다.

Yummy!

yum은 보통 아이들에게 음식을 먹으라고 권하면서 하는 말입니다.

| ex. : Isn't this so good? Yum yum! |　　이거 진짜 맛있는 걸. 냠냠!

십대 영화 같은 것을 보면 가끔 남자애들이 여자를 향해 yummy라고 하는 경우가 있는데 She is delicious.와 같은 의미로 매우 무례한 표현입니다. 자기네들끼리나 할 말이지 여성에게 직접 대놓

고 말했다가는 뺨맞을 소리지요.

미국에서는 보통 닭고기나 소고기 같은 것이 식사의 주요리(main dish)이고 green beans, salad or bread 등이 부요리(side dishes)입니다. 심심한 쌀밥에 간을 더하기 위해 먹는 우리의 반찬과는 개념이 틀립니다. 음식을 섞이지 않게 차리는 것이 좀더 고상하게 받아들여지므로 정식으로 식사를 할 때는 빵과 샐러드용 접시(side dishes or side plates)를 따로 사용합니다.

↘ too와 either

[섹션 12, 20, 21]에는 부사 **too**가 '**~도 또한**' 이라는 의미로 소개되었습니다. 부사 too는 긍정문의 맨 끝이나 관련된 단어의 뒤에서 '~도 또한' 의 의미로 쓰입니다.

부사 too의 또 다른 뜻은 '**너무**' 입니다. **Their music is too loud.** (쟤네 음악 너무 크다.) 우리말의 '너무' 는 부정적인 의미뿐 아니라 긍정적인 의미로도 (ex. : 야, 이거 너무 예쁘다.) 쓰이기 때문에 too의 뜻과는 약간 다르다고 볼 수도 있습니다. too가 이 뜻으로 쓰일 때는 그 자체가 부정적인 의미만을 나타내기 때문입니다. (다음 [섹션 25]에 이러한 too의 용례가 나옵니다.)

either는 [섹션 23]에서 '**둘 중의 한쪽**' 을 의미한다고 말씀드렸죠? 앞에서 부정하는 말이 나온 후에 '~도 ~하지 않다' 하고 다른 것까지 부정할 때에는 부정문의 맨 끝에 either를 사용하면 되는 것입니다.

Let's Practice

I. 다음은 '~는 ~를 좋아하지만, ~는 좋아하지 않는다' 하는 문장구조의 연습입니다. 문장 끝에 알맞은 기능동사를 사용하여 문장을 마무리하십시오. 다음의 순서를 따라 연습하기 바랍니다. (중급 이상의 독자들은 교재를 덮고 테이프만으로 문제를 풀어볼 것을 권합니다.)

① 먼저 보기를 듣고 소리내어 따라하십시오.

② 그 다음 1번부터 문제를 듣고 문장을 마무리하여 소리내어 답합니다.

③ 테이프의 답을 듣고 따라합니다.

④ 아직 듣기가 힘들면 빈칸에 답을 적은 후에 테이프를 따라 소리를 내어 연습하십시오.

⑤ 주어진 답은 제일 나중에 확인하십시오.

ex.) She likes potatoes, but I *don't*.

(Hint) am, not, aren't, isn't, can't, don't, or doesn't.

1.

He likes coffee, but I __________ .

2.

She likes tea, but he ___________ .

3.

He is eating some bread,

but she ___________ .

4.

They are working hard,

but we ___________ .

5.

She is reading a magazine,

but I ___________ .

 다음은 동사 taste(~한 맛이 나다)의 문장구조에 익숙해지기 위한 연습입니다. 발음에 신경쓰면서 아래의 영어문장들을 보지 않고 테이프에서 들리는 문장을 듣고 따라 하십시오. 여러 번 반복하면 좋습니다. 텍스트는 제일 나중에 참고하기 바랍니다.

이 섹션의 표준수준보다 어려운 수준의 예문에는 * 표시를 하였습니다. 아직 그 구문들을 완전히 이해하지 못하는 초급 독자들은 그 문장들은 건너뛰었다가 뒤에서 그 구문이 다뤄진 후 다시 돌아오기 바랍니다.

1. It tastes like mint.   이건 박하맛이 난다.

2. It tastes like coffee.   이거 커피맛이 나는 걸.

3. It tastes like a strawberry.   이거 딸기맛이 나네.

4. It tastes like it has a lot of cheese in it.   이거 맛이 치즈가 많이 들어간 것 같다.

5. It tastes like it was made with butter.*   이거 맛이 버터가 들어간 것 같아.

6. It tastes home cooked.*   이거 집에서 만든 맛이다.

* 이 말은 칭찬하는 말이겠지요? 레스토랑에서 자기네 음식이 home style이라거나 집에서 만든 맛(a home cooked taste)이라고 광고하는 경우가 많습니다.

7. It tastes like something my mom would make.

이거 맛이 꼭 우리 엄마가 만든 것 같아.(역시 칭찬하는 말입니다.)

8. It tastes like it came fresh from the garden.   이거 밭에서 막 따온 것처럼 맛이 신선한데.

9. It tastes like it's been in the refrigerator a long time.*

이거 맛이 좀 냉장고에 오래 묵어 있었던 것 같다.

Number Drill

A. 다음의 숫자를 순서대로 듣고 따라 하세요.

13th	14th
15th	16th
17th	18th
19th	20th
21st	22nd
23rd	24th

thirteenth | fourteenth | fifteenth | sixteenth | seventeenth | eighteenth | nineteenth | twentieth | twenty-first | twenty-second | twenty-third | twenty-fourth

B. 테이프를 듣고 빈칸에 숫자를 받아쓰십시오.

1. I get paid on the _______ .

2. My birthday is the _______ of January.

3. After the _______ of the month I am leaving.

4. My _______ birthday was my favorite.

5. It is our _______ (wedding) anniversary.

6. It is the _______ annual reunion.

7. He was _______ in his graduating class.

8. She lives on _______ Street.

9. It is his _______ birthday.

10. They were ranked _______ .

11. He is in _______ place.

12. Read through the _______ chapter tonight. *

* 이 문장은 상황에 따라 약간 다른 의미로 받아들일 수 있습니다. 1장부터 15장까지 읽으라는 것을 의미할 수도 있고, 15장을 처음부터 끝까지 다 읽으라는 말일 수도 있다는 말입니다.

1. 23rd | 2. 13th | 3. 21st | 4. 16th | 5. 17th | 6. 18th | 7. 24th | 8. 22nd | 9. 14th | 10. 19th | 11. 20th | 12. 15th

I want to go home now.

이제 집에 가고 싶어.

다음 conversation의 내용을 먼저 듣고 따라 한 후, 본문을 보시기 바랍니다.

(Two friends had some drinks at a bar.)

두 명의 친구가 바에서 술을 마셨다.

Nancy : I had a nice time, but I am getting tired. I want to go home now.

잘 놀았는데, 이제 좀 피곤해지는 걸. 이제 집에 가고 싶어.

Amy : Me, too. But I should not drive my car home. I had too many drinks.

나도 그래. 그런데 나 집에까지 운전하면 안 돼. 술을 너무 많이 마셨어.

Nancy : You're right. I don't want you to get a ticket. Let's call a cab.

네 말이 맞아. 네가 딱지 떼면 안 돼지. 택시를 부르자.

Amy : I have a cell phone. I will ask the bartender for a taxi company
number.
(To the bartender) I would like to call a taxi.
Do you have a taxi company's phone number?

나한테 핸드폰 있어. 바텐더한테 택시회사 전화번호 좀 물어봐야겠다.

(바텐더에게) 저 택시를 부르고 싶거든요. 택시회사 전화번호 하나 아는 거 있으세요?

Bartender : Yes, I have one right here.

예, 바로 여기 하나 있습니다.

Amy : Thank you very much!
(To Nancy) I got the number, and I will call right away.
(Call the taxi company) Hello. I am at Preston's Bar downtown,
and I would like a taxi, please.

감사합니다. (낸시에게) 전화번호 받았다 당장 걸어야지.

(택시회사에 전화) 여보세요, 제가 다운타운에 있는 프레스톤 바에 있는데요, 택시 좀 부탁합니다.

I am getting tired.

보어와 함께 쓰일 때 **get**은 **become, grow**와 함께 '상황변화의 시작이나 발달과정 혹은 그 마지
막 단계를 나타내는' 동사입니다.

get은 형용사나 형용사의 비교급, 또는 형용사 역할을 하는 분사와 함께 쓰이며 진행형으로 자주 쓰
입니다. (get은 to부정사구와도 함께 쓰이는데 그에 대한 보다 상세한 설명은 2권을 참조하기 바랍니다.) 다
음의 용례를 보십시오.

– It's getting late.　　시간이 늦어지는걸. (날이 어둑해지거나 밤이 깊어진다.)

– Things are getting better.　　상황이 점점 나아지고 있어. (형용사 비교급이 보어로)

– I'm getting tired of* cooking.　　난 요리하는 게 점점 지겨워져.

* tired는 of와 함께 쓰면 신체적인 피로가 아니라 정신적인 피로를 의미합니다. 요리를 해서 몸이 피곤하다는 것이 아니라 요리를 하는 게 지겹다는 거죠.

– He's getting lazy*.　　저 녀석 요즘 게을러졌어.

* 이 표현은 요샛말로 '쟤 요즘 와서 기가 좀 빠진 것 같다'라는 말과 어감이 비슷한 듯합니다. 전에는 일을 아주 신속하게 처리하던 사람이 시간이 지나면서 안일해지는 경우가 있죠? (Before they used to get things done right away. Now maybe they feel secure in their job.) 처음에는 일을 아주 부지런하고 정확하게 처리하다가, 실수도 많이 하고 일처리도 늦는 경우 말입니다. (They started up working really diligently, paying attention to details. And now they are getting sloppy making little mistakes, taking forever to do things.)

↘ 동사 get과 be의 비교

앞에서 설명한 대로 get은 '상황의 변화'를 나타내는 동사며 be는 '상태'를 나타냅니다. 이 두 단어가 쓰인 문장들을 한번 봅시다.

A : I got married in 1995.　　난 1995년에 결혼했어.
B : I was married then.　　난 그때 결혼을 한 상태였어.

A문장은 get을 사용하여 전달하고자 하는 포인트가 '결혼을 한 진행과정'에 있는 반면, B문장의 포커스는 '그 당시 결혼을 한 상태였다'는 데에 있습니다. 물론 두 문장 다 과거시제로 쓰였기 때문에 이 문장들만으로는 현재와는 아무런 연관이 없는 말입니다.

I don´t want you to get a ticket.

같은 말을 다음과 같이 다양하게 표현할 수 있습니다. 흔히 쓰이는 표현들입니다.

— I hate to see you get a DUI.*

* 미국은 주마다 음주운전을 칭하는 이름이 조금씩 차이가 납니다. 주에 따라 **DUI** (Driving Under the Influence) 라고 하기도 하고, **DWI** (Driving While Intoxicated)라고도 합니다.

— I´d hate to see you get pulled over.*

* pull over는 '고속도로를 달리다가 갓길에 차를 대어 세우다'는 뜻입니다. 미국에서는 과속 등의 이유로 뒤에서 교통경찰이 사이렌을 울리며 달려오면 즉시 차를 갓길로 세워야 합니다. 차를 세운 후 면허증을 준비하고 창문을 내리고 나서 다음 지시를 기다리면 되지요.

— I hate to see you get picked up by the cops.

I have a cell phone.

핸드폰을 영어로는 cellular phone 혹은 cell phone이라고 합니다.

I will ask the bartender for a taxi company number.

ask for ~의 다른 용례들은 다음과 같습니다.

— I´ll *ask for* some extra napkins.　　냅킨 좀 여분으로 달라고 부탁해야지.

— I´ll *ask for* more bread.　　빵 좀더 달라고 부탁해야지.

— I´ll *ask for* some help.　　도움 좀 요청하려고.

— I´ll *ask* him *for* some advice.　　그 사람에게 조언 좀 구하려고.

— I´ll *ask* her *to* come with us.　　그 여자에게 우리와 함께 가달라고 부탁해야지.

— I´ll *ask* her *for* her phone number.　　그 여자에게 전화번호 좀 달라고 해야 겠다.

— I´ll *ask* the waitress *to* bring us some more rolls.　　웨이트리스에게 빵 좀 더 갖다달라고 해야지.

I have one right here.

one에 대한 설명은 [섹션 9] 뒤의 [Useful Expressions]를 참조하십시오. 이 문장에 쓰인 **right**는

‘바로, 정확히’ 등의 의미로 부사를 꾸며 줍니다. right now(바로 지금), right here(바로 여기), right there(바로 거기로), right away(곧 바로, 즉시) 등으로 쓰일 수 있지요.

⬂ 일반동사 have의 몇 가지 다른 뜻

영어에서는 한 동사가 여러 가지 다른 뜻으로 쓰이는 경우가 많습니다. 본문에서 쓰인 **have**도 세 가지 서로 다른 의미로 쓰인 것을 알 수 있습니다. 다시 한번 강조하지만 동사의 뜻을 따로 외우기보다는 그 동사가 다른 뜻으로 쓰인 각각의 예문들을 외워야 합니다. 되도록 짧으면서도 유용한 문장들로 골라서 외우면 더욱 효과적이겠지요. 본서에 소개된 모든 예문들은 유행하는 말처럼 ‘살아 있는 영어, 제대로 된 미국영어’ 이므로 본서의 문장들을 외우는 것을 권장합니다.

— I _had_ a nice time. 여기서는 experience의 의미입니다.

— I _had_ too many drinks. 여기서는 drink or eat의 의미입니다.

— I _have_ a cell phone. 여기서는 possess의 의미로 쓰였습니다.

I. 아래는 '**want to** ~(~하고 싶다)', '**don't want to** ~(~하고 싶지 않다)' 와 주어진 힌트를 사용하여 문장을 만드는 연습입니다.

다음에 나열한 단어들은 바른 순서로 되어 있지 않습니다. 나열해 놓은 힌트들을 이용해서 문장을 만들어 소리내어 말해 보십시오. 테이프에서 나오는 답을 듣고 다시 한번 따라 하십시오. 여러 번 반복하면 더욱 좋습니다. 텍스트에 주어진 답은 제일 나중에 참고하기 바랍니다.

1.

(Hint) this weekend - a lot of - to get - want - sleep - I

2.

(Hint) tonight - to have - want - fun - I - a lot of

3.

(Hint) home - to go - I - want

____

4.

(Hint) to take - I - want - a vacation

____

5.

(Hint) want - my - I - to call - family

____

6.

(Hint) don´t - to work - I - to go - want

7.

(Hint) want - I - in line - to wait - don´t

8.

(Hint) don´t - there - to eat - want - I

9.

(Hint) to leave - I - want - yet - don´t

____

10.

(Hint) I - to get - want - don´t - into an accident

____

II. 다음은 주어진 힌트를 이용하여 **주어+동사+목적어+목적보어(I don't want you to get a ticket.)**로 된 구문의 문장을 완성하는 연습입니다. (중급 이상의 독자들은 교재를 덮고 테이프만으로 문제를 풀어볼 것을 권합니다.)

① 먼저 보기를 듣고 소리내어 따라 하십시오.

② 그 다음 1번부터 문제를 듣고 문장을 마무리하여 소리내어 답합니다.

③ 테이프의 답을 듣고 따라 합니다.

④ 아직 듣기가 힘들면 빈칸에 답을 적은 후에 테이프를 따라 소리를 내어 연습하십시오.

⑤ 주어진 답은 제일 나중에 확인하십시오.

ex. : Hint) I - not want - you - get a ticket

I don't want you to get a ticket.

Hint) they - want - I - baby-sit tonight

They want me to baby-sit tonight.

1.

(Hint) I - not want - he - talk to me in class

2.

(Hint) I - want - you - come over to my house

____

3.

(Hint) I - not want - my sister - drive

____

4.

(Hint) I - not want - she - be unhappy

____

5.

(Hint) I - not want - anyone - come with me

____

6.

(Hint) I - not want - they - jump on the bed

____

7.

(Hint) I - not want - she - walk home alone at night

____

Ⅲ. 다음은 **'Let´s~** (우리 ~하자)**'** 를 사용한 문장구조에 익숙해지기 위한 연습입니다. 발음과 악센트에 유의하면서 테이프에서 들리는 문장을 듣고 따라 하십시오. 여러 번 반복하면 좋습니다. 텍스트는 나중에 참고하기 바랍니다.

이 섹션의 표준 수준보다 어려운 수준의 예문에는 * 표시를 하였습니다. 아직 그 구문들을 완전히 이해하지 못하는 초급 독자들은 그 문장들은 건너뛰었다가 뒤에서 그 구문이 다뤄진 후 다시 돌아오기 바랍니다.

1.

Let´s go home. I´m tired.

2.

Let´s walk the dog.

3.

Let´s buy the shirt for Dad.

4.

Let´s go upstairs.

5.

Let´s run to the store. *

* 이 표현을 말 그대로 '가게로 달려가다'라고 해석 해서는 안 됩니다. 이표현은 가게까지 운전해서 갔다 오자는 말 입니다. (Let´s drive to the store.) 그냥 가게에 빨리 다녀오자는 말일 뿐이 지 달리기를 해서 다녀오자는 말이 아닙니다.

6.

Let´s rent a movie.

7.

Let´s eat lunch at noon.

8.

Let´s watch the news on TV.

9.

Let´s go out for dinner.

10.

Let´s walk to the door together.

11.

Let´s take a drive in the country.

12.

Let´s see what is in the refrigerator. *

13.

Let´s tell mom where we are going. *

1. 단순과거시제

본문에서 처음으로 단순과거시제가 소개되었습니다. 단순과거시제는 종종 과거를 나타내는 부사나 부사구와 함께 쓰이며 **'현재와는 연관 없이 과거의 동작이나 상태를 나타낼 때'** 사용합니다. 현재와 연관이 없다는 것은 현재완료시제와 비교해 보면 좀더 명확하게 이해될 수 있습니다. 완료시제는 2권에서 상세히 소개되지만 잠깐 몇 가지 예를 가지고 비교해 봅시다.

1A : Jim **went** to Israel.   짐은 이스라엘에 갔어요.

1B : Jim **has been** to Israel.   짐은 이스라엘에 다녀온 적이 있어요.

위의 1A 문장은 우리말로는 명확하게 구분이 안 되기 때문에 영어로 생각해 봐야 합니다. 우리말로 '짐이 이스라엘에 갔다' 고 하면 마치 현재완료시제 중 '결과' 를 나타내는 문장처럼 '가서 오지 않았다' 는 느낌을 주기도 하기 때문입니다. 이 문장의 의미를 정확히 따지자면 '짐이 이스라엘에 갔다' 고 하고 그 이후의 사실은 전혀 언급하고 있지 않습니다. 이 문장은 그가 후에도 이스라엘에서 계속 머물렀는지 얼마 후에 돌아왔는지 등, 현재와는 아무 연관이 없이 과거의 동작만을 언급하고 있을 뿐입니다.

반면에 현재완료시제로 쓰인 1B의 문장을 보면 이 시제는 **'현재를 포함하고 있는 과거'** 임을 알 수 있습니다. 그가 과거 언젠가 이스라엘에 갔었고 현재 더 이상은 거기에 있지 않다는 것을 알 수 있죠.

2A : He **was** out of work.   그 사람은 직장이 없었다.

2B : He **has been** out of work for two years.   그 사람 2년째 실업상태예요.

그럼 2A 문장을 봅시다. 이 문장은 단지 그 사람이 과거에 일을 하지 않고 있었다고 말하고 있습니다. 직장을 잃었는데 곧 다시 취직을 했는지, 현재도 계속 그 상태인지 현재와는 아무런 연관성이 없는 표현입니다. 물론 얘기를 하거나 글을 쓰는 사람의 앞뒤 상황이나 문맥을 통해서는 알 수 있겠지요.

2B에서는 현재까지 2년간 이 사람이 직장을 잃은 상태로 있었다고 쓰여 있습니다. 이 문장도 **'현재**

까지 포함한 과거' 를 말하고 있지요? 지금까지 계속 직장이 없었으니 이 사람의 심리상태나 가족들의 힘든 상황을 짐작할 수 있을 겁니다.

2. 조동사 should

앞의 [영어의 주인공 동사] 편에서 기능동사에 대한 전반적인 설명은 자세히 다루었으므로 여기에서 기능동사인 조동사 should의 역할에 대해 반복하여 설명하지는 않겠습니다. 첫 장의 [준비운동]에서 [영어의 주인공 동사] 편을 건너뛰고 읽지 않았다면 다시 돌아가서 그 부분을 읽고 진도를 계속하기 바랍니다.

1) should는 강한 가능성을 나타내기도 합니다.

　－ He should be here soon.　　그 사람 곧 여기에 도착할 거야.

　－ I should be around until Christmas.　　나 크리스마스 때까지는 여기 있을 거야.

2) should는 의문문에서는 아무래도 하기 싫어서 묻는 느낌(~해야 하나)을 줍니다.

　－ **Should** I stay for a while?　　나 좀더 있다 가야 겠니?

　－ **Should** we answer the phone?＊　　우리 이 전화 받을까?

　　＊ business hour가 끝나고 막 퇴근하려고 하는데 전화가 오는 경우가 있죠? 용건이 간단한 경우도 있지만 질질 끄는 경우도 있어서 받기가 주저되지만 혹시 다급한 일일 지도 모르니 안 받을 수도 없고… 그럴 때 할 수 있는 말이겠지요.

　－ **Should** I buy this or not?　　이걸 사야 하나 말아야 하나?

3. shall

should가 shall의 과거형태이긴 합니다만 흔히 쓰이는 should와 달리 shall은 미국에서는 이제 거의 쓰이지 않는 조동사입니다. 현재 30~40대의 미국인들은 shall을 성경시대에나 쓰이던 고어처럼 여길 지경입니다.

고등학교에 다닐 때 영어시간이나 참고서 등에서 'will - shall - shall' 하는 식으로 의지미래와 단순미래를 구별하여 외우게 했던 기억이 납니다. 이 will과 shall이 잘 구분이 안 되어서 고민하는 학생들도 많이 있었습니다. 그다지 중요하지 않은 용례라고 할 수 있지만 성경을 읽거나 영어고전 등을 읽을 때는 접하게 되는 단어이므로 2권에서 미래시제를 다룰 때 설명하겠습니다.

352

우리가 의지미래로 흔히 배웠던 표현 중에 Shall I come in? (제가 들어가도 될까요?), Shall he come in? (이 사람을 들어가게 해도 되나요?)와 같은 표현들이 있지요? 미국에서는 같은 말을 **Can I come in?** (나 들어가도 되니?), **Should we let him in?** (저 사람 들어오게 할까?) 하고 표현합니다. 몇 년 전에 <Shall we dance?>라는 일본영화가 미국에서 관심을 모은 적이 있는데, 미국서 그런 표현은 고전에나 나오는 표현으로 여겨지며 **Do you want to dance with me?**라고 하는 것이 일반적입니다.

쓸모를 따지기 전에, 의지미래와 같은 간단한 용례조차 어렵게 느껴지는 것은 실제로 사용해 봐야 익혀지는 말을 마치 공식을 외우듯이 무조건 외우려고만 하기 때문입니다. 우리의 생각을 교환하는 언어로써 영어를 익히는 것이 중요합니다.

본 교재는 영어를 기초부터 튼튼히 하고자 하는 모든 성인을 대상으로 하고 있으며 중학생 이상의 학생이라면 누구나 소화할 수 있는 내용으로서, 자습서로만이 아니라 학원용으로도 적합합니다. 우리나라 사람들은 중학교·고등학교, 그리고 대학교에 가서까지 장기간에 걸쳐서 영어를 배우지만, 실제 외국인을 만나면 입도 뻥긋 못하는 경우가 많았습니다. 저는 그 요인이 지금까지의 영어학습법에 있다고 생각합니다. 적절하지 않은 영어학습법 때문에 정작 실생활에서 영어를 듣고, 말하고, 쓰는 데에는 자신이 없던 성인 남녀들에게 이 책은 '살아 있는 영어'를 학습하는 기회가 될 것입니다.

또한 지금까지는 문법 따로, 회화 따로, 독해 따로 하는 식으로 영어의 각 영역을 분리해서 배웠습니다. 이는 영어를 어렵게 만드는 또 다른 요인으로 작용해 왔습니다. 모든 언어는 통합적인 학습방법으로 공부해야 쉽게 접근할 수 있으며 그 효과도 오래갑니다. 영어도 마찬가지 입니다. 따로국밥식으로는 영어를 제대로 배울 수 없고 배운다 해도 시간이 흐르면 금세 잊어버리게 됩니다. 이 책은 회화를 중심으로 하고 있지만, 그와 맞물려 체계적인 문법도 다루고 있습니다. 이 책은 체계적이고 통합적인 영어학습법을 접할 수 있도록 구성되었습니다.

본 교재를 통해서 독자 여러분들은 다양한 영어문장 구조를 체계적으로 접할 수 있을 것이며, 생활에서 유용한 표현을 익힐 수 있을 것입니다. 제 1권은 초급용이지만 각 Section에 소개되는 표현마다 미국에서 흔히 쓰이는 다양한 용례들을 첨가했기 때문에 기초를 다지는 중·고급 독자들에게도 매우 유익할 것으로 여겨집니다.

본서를 자습서로 이용하시는 분은 학습한 내용을 다른 사람들과 함께 실습하면 더 큰 효과를 보실 것입니다. 원어민과 함께 공부하시는 분들도 본서에 따라 진도를 나가시면 체계적인 학습을 하실 수 있을 겁니다. 한국에서 영어를 가르치는 원어민 중에는 '외국어로서의 영어'에 대해서 제대로 교육을 받고 가르치는 사람이 의외로 많지 않습니다. 원어민은 영어가 모국어이기 때문에 영어를 외국어로 생각하면서 접근하는 한국인의 입장을 이해하지 못하는 경우가 많습니다. 그렇기 때문에 그 간극을 줄일 수 있는 체계적인 교재를 사용하는 것이 중요한 것입니다.

영어는 다른 일반 학문과는 달리 100% 자습으로 완성될 수 없습니다. 그럼에도 불구하고 이렇게 자습서용으로 교재를 만든 것은 비싼 수업료를 들여서 학원을 다니거나 과외를 해도, 또한 상당한 비용을 들여 해외연수를 다녀와도 질적으로 제대로 된 교육을 보장받기 힘든 현실 때문입니다. 이 책을 충분히 활용하셔서 체계적으로 기초를 다지는 동시에 다른 여러 매체를 이용하여 듣고, 읽고, 말하고, 쓰는 연습을 꾸준히 하시기 바랍니다.

영어 실력을 늘리는 비결은 꾸준함과 집중적인 연습입니다. 물론 그 기본이 되는 것은 올바른 학습방법입니다. 이 책은 여러분에게 영어실습에 필요한 몇 가지 기본 원리와 방법론을 제시하고 있습니다. 그리고 여러분이 실제로 연습을 하면서 영어학습법을 익힐 수 있도록 구성되어있습니다. 제가 제시한 방법을 각자의 상황과 생활방식에 알맞게 변형해서 효율적인 방법으로 매일 꾸준하게 연습하시면 자신도 모르게 늘어가는 실력을 확인하실 수 있을 것입니다.

본 교재의 집필에 많은 도움을 준 친구 Amy Elicker, 그리고 제가 책을 쓰는 데에 집중할 수 있도록 실제적인 도움을 주신 저의 부모님과 제 가족에게 감사를 드립니다.

지은이 고 재 숙

찾아보기

발음에 대하여

Tip

저자 고 재 숙

현재 퍼듀 대학교 *Purdue university* 아동가족학 박사과정 중에 있으며 올해로 미국 유학생활 13년째를 맞고 있다. 상명대 재학시절부터 각종 통역활동을 하고 영자신문사 기자로 활약하면서 남다른 영어감각을 보인 저자는 영어교습 경력만도 자그마치 17년이다. 미국에서는 버지니아 리버티 대학교 *Liberty University* 상담대학원 석사학위를 받았고 동대학교 영어학과 ESL 강사를 역임하였으며 저서로는 《Mainstream English》가 있다.

'제대로 된 영어학습법의 전도사'로 활발하게 활동하고 있는 저자는, 많은 사람들에게 쉽고도 효율적인 영어공부법을 전달하기 위해 이 책을 저술했다. 특유의 꼼꼼하고도 정확한 성격으로 조금이라도 애매한 표현이라 생각되는 것은 30여 명의 미국인과 인터뷰하여 가장 일반적이고도 올바른 표현을 선별해내는 집요한 작업 끝에 이 책을 완성했다.

감수자 Amy Elicker

미국 퍼듀 대학교 영어학과 졸업. 미국으로 유학을 온 아시아 권 학생들은 문장구조가 다른 언어권에서 생활했기 때문에 영어구사에 오류를 범하기 쉽다는 사실을 발견했다. 이에 이 책《Language School》을 감수하면서 영어를 잘못 배운 학생들이 모국어를 배우는 것처럼 쉽고도 자연스럽게 영어를 배울 수 있도록 하기 위해 노력했다. 네이티브 스피커로서, 영어학 전공자로서 이 책의 정확도와 학습 효율성을 높이는 데 기여했다.

한언의 사명선언문

Our Mission

一. 우리는 새로운 지식을 창출, 전파하여 전 인류가 이를 공유케 함으로써
인류문화의 발전과 행복에 이바지한다.

一. 우리는 끊임없이 학습하는 조직으로서 자신과 조직의 발전을 위해
쉼없이 노력하며, 궁극적으로는 세계적 컨텐츠 그룹을 지향한다.

一. 우리는 정신적, 물질적으로 최고 수준의 복지를 실현하기 위해 노력하며,
명실공히 초일류 사원들의 집합체로서 부끄럼없이 행동한다.

Our Vision　　　한언은 컨텐츠 기업의 선도적 성공모델이 된다.

저희 한언인들은 위와 같은 사명을 항상 가슴 속에 간직하고
좋은 책을 만들기 위해 최선을 다하고 있습니다.
독자 여러분의 아낌없는 충고와 격려를 부탁드립니다.

- 한언가족 -

HanEon′s Mission statement

Our Mission

一. We create and broadcast new knowledge for the advancement and happiness of the
whole human race.

一. We do our best to improve ourselves and the organization, with the ultimate goal of
striving to be the best content group in the world.

一. We try to realize the highest quality of welfare system in both mental and physical
ways and we behave in a manner that reflects our mission as proud members of
HanEon Community.

Our Vision　　　HanEon will be the leading Success Model of the content group.